혁신으로 대한민국을 경영하라

혁신으로
대한민국을
경영하라

서울대 경영대학 김병도 학장이 전하는
부자 나라의 DNA

김병도 지음

대한민국, 세계 일등 부국으로
나아가기 위하여

2011년 7월, 캐나다 소비자운동단체이자 비영리 잡지인 《애드버스터스^{Adbusters}》는 빈부격차의 심화, 금융기관의 부도덕성, 무기력한 정부 등을 규탄하며 세계 금융 중심지인 월 가에서의 시위를 제안했다.

그들의 메시지는 소셜네트워크서비스^{SNS}를 통해 전 세계에 삽시간에 퍼져 많은 이들의 공감을 불러일으켰고 '월 가를 점령하라^{Occupy Wall Street}' '우리는 99퍼센트다^{We are the 99%}' 같은 선동적 구호와 함께 시민운동으로 발전한다.

2011년 9월 17일, 마침내 뉴욕 월 가 주변 주코티 공원에서 첫 '월 가 점령' 시위가 열린다. 천여 명 정도밖에 모이지 않은 소규모 시위로 출발했지만, 이후 경찰의 강제 진압 사실이 알려지면서 시위 참여 인원이 눈덩이처럼 불어나 순식간에 전 세계 80개국으로 확산되었다. 우리나라에서도 여의도 금융위원회 앞에 각종 시민단체 회원

그림 1 애드버스터스의 월 가 점령 시위 포스터. 월 가 상징물인 황소의 역동적이면서도 불안한 자세가 지금의 미국 경제 상황 같다. 황소 위의 발레리나는 미국 사회에 필요한 균형과 안정을 나타내며 그 뒤로 월 가의 탐욕과 맞서 싸우는 군중의 모습이 보인다.

300여 명이 모여 '여의도를 점령하라'는 구호를 외치며 월 가 점령 시위에 동참했다.

하지만 반反월 가 시위는 이후 3개월도 지속되지 못하고 막을 내렸다. 제도 개혁 같은 가시적인 결과물을 낸 것도 아니다. 하지만 최상위 1퍼센트 부자를 위한 선진 자본주의가 갖는 근본적 문제점을 적나라하게 보여줬다는 점에서 그 의미를 찾을 수 있다.

예컨대 2008년 말 금융위기 후 미국 정부는 금융회사를 회생시키기 위해 천문학적인 세금을 구제금융으로 쏟아부은 바 있다. 그런데 정작 나라 경제를 위기로 몰아간 장본인들인 금융회사 임원들은 반성은커녕 수백 억 원을 개인 보너스로 챙겨가는 만행을 저질렀다. 비록 시위에는 적극적으로 참여하지 않았더라도, 99퍼센트의 보통 사람들은 월 가 금융사의 이런 탐욕을 앞으로는 더 이상 좌시하지 않을 것 같다.

2008년 말 미국의 비우량 주택담보대출subprime mortgage loan이 부실화하면서 촉발된 세계 경기 침체가 장기화될 전망이다. 경제 회복이 느려지면서 대중의 불만은 걷잡을 수 없이 커져만 간다.

우리도 예외는 아니다. 일부 정치인과 지식인들은 불만에 찬 국민을 달래기 위해 영미식 자본주의는 악의 뿌리라고 지적하면서 복지, 반값등록금, 동반성장, 상생 등을 강조하며 성장보다 공정한 분배를 통해 이 위기를 돌파하자고 주장한다.

국내외 유력 신문들의 논조도 크게 바뀌었다. 성장보단 분배를, 혁신보단 정의를 강조하고, 민간기업보다는 정부에 경제 운용을 맡겨야 한다고 주장한다. "자본주의의 위기," "대한민국은 지금 분노의 시대," "따뜻한 자본주의 4.0," "마르크스가 자본주의를 구할 수 있는가" 등 자극적인 표제어가 신문 1면에 등장한다.

이런 사회적 추세를 반영해, 2008년 11월 4일 미국인은 진보정당인 민주당의 오바마를 대통령으로 선택하면서 경제에 대한 보다 강력한 정부 개입을 지지했다. 2012년 5월 6일 프랑스에서는 사회당의 프랑수아 올랑드가 니콜라 사르코지를 누르고 대통령에 당선되었다. 프랑수아 미테랑 전 대통령 이후 17년 만에 좌파 정권이 집권하게 된 것이다.

올랑드 대통령은 현재 41퍼센트인 고소득층의 한계세율을 75퍼센트까지 올리겠다고 공언했고 그에 따라 프랑스 부자들은 다른 나라로 이주를 고려하고 있다.

최근 프랑스 최고 부자이자 루이비통 회장인 베르나르 아르노는 벨기에에 귀화 신청을 했고, 국민배우 제라르 드파르디외는 국적 포기를 선언해 큰 파문을 일으켰다.

국가 운영의 기본 틀은 시대의 요구에 따라 끊임없이 변화한다. 이번 경제 불황의 원인이 영미식 자본주의의 구조적 문제 때문이라면 경제 회복을 위해 영미식 자본주의를 과감히 폐기하거나 대폭 수정해야 할 것이다.

마찬가지로 양극화의 원인이 월 가의 탐욕 때문이라면 이들의 활동을 철저히 규제해야 한다. 민간 기업의 혁신으로 청년실업을 해결할 수 없다면 정부가 나서서 더 많은 세금을 징수하고 젊은이들을 위해 일자리를 창출해야 할 것이다.

지난 200년간 선진국들은 인류 역사에서 유래를 찾아볼 수 없는 호황을 경험했다. 매년 경제가 나아지는 것을 경험한 세대는 경제 성장을 당연한 것으로 받아들인다. 내년 수입이 당연히 올해보다 오를 것이라 기대하고, 내 자식이 나보다 더 유복한 생활을 영위할 것이라 믿는다. 서구 선진국이 200년간 이뤄낸 경제 성장을 불과 50년 만에 따라잡은 한국인들은 두말할 것도 없다.

아무리 강건한 국가라도 경제는 좋을 때도 있고 나쁠 때도 있다. 빠르게 성장하는 기업이라도 한두 해 어려울 때가 있고, 결코 하락할 것 같지 않은 주식도 조정 기간이라는 것이 있다. 그것이 경기순환의 속성이다.

하지만 경제에 대한 사람들의 기대수준은 그렇지 못하다. 경제 성장에 대한 기대가 이미 높이 올라가버려 경제가 후퇴하는 것을 참지 못한다. 경기 불황이 찾아오면 자신의 나태와 낭비를 탓하기보다 국가 지도자나 경제 지배층을 비난한다.

지난 200년간 세계 경제, 특히 선진국 경제는 꾸준히 성장했고, 그 원동력은 영미식 자본주의의 핵심인 '혁신'이었다. 인류 경제사라는 보다 긴 시간을 놓고 보면, 현재 우리가 겪고 있는 경제 불황은 무한 성장으로 가는 길에 놓인 자그마한 장애물일 뿐이다.

그러므로 지금은 영미식 자본주의를 폐기할 때가 아니라 오히려 이를 보다 잘 이해하고 실행해야 할 때다. 빈대 한 마리 잡으려다 초가삼간 다 태우는 우를 범하지 말아야 한다.

이 책은 일시적인 경제 위기에 휘둘리지 않고 장기적으로 세계 일등 부국으로 나아가기 위해 우리가 지금 준비해야 할 일을 정리한 책이다.

1장에서는 인류 경제사의 수많은 사건 중 서구 유럽에서 시작된 산업혁명에 유독 주목해야 하는 이유를 논의한다.

산업혁명 전까지 인류의 보편적 경제 성장률은 제로였고 국가 간 차이도 거의 없었다. 즉 인류가 등장한 이후 오랫동안 실질 일인당 국민소득은 연간 500달러 수준으로 변화가 없다가 산업혁명 이후부터 급격히 상승하기 시작했다.

이때부터 산업혁명의 노하우를 터득한 부국과 그렇지 못한 빈국 간 소득격차가 현저히 벌어지는 '대분기大分岐' 현상이 나타나기 시작한 것이다.

2장에서는 국부國富를 결정하는 요인과 이와 관련된 사회과학 이론들을 소개한다. 어떤 학자는 기후 등 지역적 특성이 국부에 영향을 미친다고 주장하고, 또다른 학자는 지능지수가 높을수록 일인당 국민소득이 올라간다고 주장한다.

어떤 학자는 산업혁명이 영국에서 시작된 점을 들어 자본축적, 무역, 풍부한 석탄 등 물적 요인이 중요함을 강조하지만, 또다른 학자는 사유재산권이나 '프로테스탄트 윤리' 같은 제도나 사회적 특징을 주장한다. 이처럼 국부의 차이를 설명하는 통일된 이론은 아직 존재하지 않는다.

국가 간 부의 차이를 설명하는 가장 손쉬운 방법은 개인 간 부의 차이를 이해하는 일일 것이다. 물론 부자 되는 방법에는 수많은 길이 존재하지만 부자가 되기 위해 가장 필요한 것은 부에 대한 관심과 사랑이다. 물질적인 것은 무의미하다고 여기는 종교인이나 부자는 남의 것을 도둑질한 사람이라고 생각하는 사회주의자는 부자가 될 수 없다.

마찬가지로 부자 나라를 만들려면 국민 모두가 국부 창출에 관심과 열정을 가져야 한다. 경제 성장의 원동력은 혁신이기 때문에 혁신적 사회 분위기를 조성하는 일이야말로 지속적인 경제 성장을 할 수 있는 초석이다.

이는 인문경제학자들의 사고와도 일맥상통한다. 그들은 산업혁명의 원인으로 시장과 혁신가에 대한 시각의 변화를 든다. 뒤에서 보다 구체적으로 설명하겠지만 영국에서 산업혁명이 일어난 것은 투자 증대, 활발한 무역, 사유재산권의 보장, 자본가의 임금 노동자 착취 등 경제적 요인이 변화해서가 아니라, 혁신, 시장, 기업 및 상인에 대한 거부감이 없어졌기 때문이다.

즉 기존 사회 질서를 파괴하는 혁신의 긍정적 측면을 인정하면서 경제가 성장하기 시작했다. 대중의 언어와 의견 같은 사회적 변화가 먼저 일어났고 그 결과 산업혁명이라는 경제적 변화가 일어났다는 것이다.

3장에서는 국부 창출의 극대화를 위해서 혁신적 사회 분위기를 조성해야 하고, 이를 위해 혁신에 대한 적절한 '보상,' 혁신가가 마음껏 자신의 능력을 발휘할 수 있는 '자유,' 그리고 혁신가에 대한 사회적 '존경'이 필요하다는 주장을 다룬다.

보상은 혁신가가 혁신을 수행하는 이유이고, 자유는 혁신을 할 수 있는 제도적 환경이며, 존경은 혁신에 대한 사회 구성원의 평가이다. 즉 보상은 클수록, 규제는 적을수록, 그리고 국민이 혁신가를 존경할수록 부국이 될 가능성이 높다는 것이다.

내가 기존 국부 이론을 탐탁지 않게 생각하는 이유는 그 내용이 결정론적이기 때문이다. 예컨대 기후 이론에 따르면 열대 지방에 속한 국가는 가난하다. 기후란 마음대로 바꿀 수 없으니, 열대에 속한 국가가 가난에서 벗어나려면 온대 지방 국가를 침략하는 방법밖에 없다. 즉 아프리카의 가난은 운명이라는 것이다.

반면 자유, 보상, 존경을 통해 혁신적 사회 분위기를 조성하면 어떤 나라라도 부국이 될 수 있다는 주장은 기존 부국 이론과는 달리 국민의 생각이 국가의 운명을 결정짓는다고 말한다. 아프리카의 최빈국도 지금부터라도 생각을 바꿔 혁신적 사회 분위기를 조성하면 미국 같은 부국이 될 수 있다는 희망이 있다는 말이다.

4장부터는 혁신적 사회를 만들기 위해 필요한 이 세 가지 요소, 자유, 보상, 존경에 대해 보다 구체적으로 설명한다.

4장은 영미식 자본주의의 핵심 사상인 자유를 다룬다. 개인 또는 기업 간 발생하는 복잡한 경제 행위를 조정하는 방법에는 크게 정부 규제 같은 강제력을 동원하는 방법과 개인의 자발적 협력을 바탕으로 한 시장의 자율 조정 방식이 있다.

약 230년 전 애덤 스미스가 자유경쟁시장을 주장한 이래, 많은 학자들은 다각도로 규제의 해악을 지적해왔다. 이 장은 애덤 스미스, 밀턴 프리드먼 등 자율적 자원 배분을 지지하는 학자들의 이론을 바탕으로 정부 규제의 문제점을 지적한다.

자유는 혁신적 사회를 만들기 위해 필수불가결한 요소이다. 위대한 과학자나 예술가를 배출한 국가의 공통점은 바로 자유로운 사회 분위기이다. 기업이든 국가든 강압적 분위기에서는 창의성과 도전 정신을 필요로 하는 혁신이 나올 수 없다. 월등한 기술적 우위에도 불구하고 15세기경 중국에서 산업혁명이 시작되지 못한 것은 혁신을 가로막는 거미줄 같은 규제 정책 때문이었다.

5장의 주제는 혁신에 대한 보상 문제이다. 인간은 왜 혁신하려 하는지에 대한 이유를 알기 위해 에이브러햄 매슬로[Abraham Maslow], 프레더릭 허즈버그[Frederick Herzberg], 데이비드 매크릴랜드[David McClelland], 빅터 브룸[Victor Vroom] 등이 주장한 대표적인 동기부여 이론을 소개한다.

이 장에서는 인류에 위대한 업적을 남긴 인물들이 한평생 혁신에 매진했던 이유로 '아리스토텔레스 원칙'을 제시한다.

대부분 위인들은 물질적 보상을 위해 혁신하기보다 난해한 과제에 도전하고 이를 해결하고자 몰입하는 행위 자체가 동기부여가 되어 혁신을 꿈꿨다. 이들이 진리 탐구 그 자체에 몰입하듯 사업가도 사업 그 자체가 제공하는 매력에 몰입해야 위대한 기업을 만들 수 있다는 말이다.

혁신가에 대한 자유, 보상, 존경, 이 세 가지 중 가장 중요하지만 가장 얻기 어려운 것이 존경이다. 자유와 보상은 상대적으로 간단히 다루고 존경에 대해서 3개 장을 할애한 것은 바로 이러한 이유 때문이다.

자유를 주려면 규제를 최소화하면 되고 보상을 늘리려면 혁신에 대한 인센티브를 제공하면 된다.

기업 관련 규제를 간소화하거나 노동시장의 유연성을 높이기 위해 노동조합의 권한을 약화하는 정책은 자유를 주는 예다. 벤처기업에 대한 지원금 확대, 세제 혜택, 법인세 감면, 연구개발부서의 연구원에게 인센티브를 제공하는 정책 등이 보상을 늘리는 예다.

반면 존경은 정부 정책이나 어떤 한 개인의 노력으로 얻어지는 것이 아니다. 산업혁명이 200년 전에서야 시작된 이유도 따지고 보면 인류가 혁신, 특히 상업 혁신을 긍정적으로 보지 않았기 때문이다.

상인은 동양에서 3,000년 동안 사농공상 중 마지막 지위에 머물러야 했고, 유럽에서는 2,000년 동안 하느님의 적으로 여겨졌다. 새로운 기술이나 도구의 발명은 최근까지도 고용을 위협하고 기존 신분질서를 위협하는 행위로 간주되었다.

상인이나 기술자 같은 혁신가가 존경받지 못했기 때문에 우수한 인재는 군인, 정치인, 종교인, 관료가 되길 선호했다. 우리 사회의 인재가 과학자나 기업인보다는 의사나 법조인이 되려는 것 역시 혁신가에 대한 존경이 부족하기 때문이다.

18세기 중반 영국에서 인류 역사상 처음으로 혁신가에 대한 국민의 시각에 놀라운 변화가 일어난다. 혁신을 존경하는 사회적 분위기가 조성되면서 애덤 스미스 같은 지식인은 자유시장경쟁을 옹호하는 저서를 집필하고 귀족들이 상업이나 발명에 직접 참여하기 시작한다. 이는 혁신에 대한 정신적 변화가 선행되었기 때문에 산업혁명이라는 물질적 변화가 가능했다는 것을 보여준다.

프랑스 계몽사상가 볼테르는 혁신과 인재를 중요하게 여기던 당시 영국 사회를 부러워했다. 런던에 있는 웨스트민스터 성당은 영국을 빛낸 위인들이 안치되는 묘지로 유명한데, 영국인은 아이작 뉴턴을 왕이나 귀족을 제치고 가장 눈에 띄는 자리에 안치했다.

뉴턴의 장례식에 참관했던 볼테르는 공작과 백작들이 뉴턴의 관을 운구하는 모습을 보고 "그는 왕과 같이 묻혔다"고 평했다. 프랑스에는 아직 영국에서와 같은 정신적 변화가 일어나지 않은 때여서 사회적 지위나 계급보다 실용적 재능을 높이 평가하는 영국 사회가 볼테르는 많이 부러웠던 모양이다.

6장에서는 존경과 관련된 첫 번째 이슈로 혁신의 윤리적 정당성 문제를 다룬다. 혁신 행위가 국민들로부터 존경을 받으려면 혁신은 사회에 부가가치를 창출해야 하고 사회의 보편적 정서를 해치지 말아야 한다.

그런데 혁신은 보통 '창조적 파괴'라는 성격을 갖고 있다. 즉 혁신은 외부효과를 통해 많은 사람들을 이롭게 하지만 일부 기득권자는 혁신 때문에 피해를 입는다. 오랜 인류 역사에서 우리가 혁신을 거부해온 이유가 바로 혁신의 '파괴적' 성격 때문이다.

18세기 말 영국의 공리주의자들은 혁신의 파괴적 특성에도 불구하고 혁신이 윤리적으로 정당할 수 있다는 설득력 있는 이론을 주장했다. 이 책에서는 행위공리주의와 규칙공리주의 이론을 통해 일부 혁신적 행위가 윤리적으로 정당할 수 있음을 보여준다.

7장은 혁신의 결과 필연적으로 발생하는 부의 양극화 문제를 다룬다. 인간은 태어날 때부터 평등하지 않다. 외모나 운동 능력뿐 아니라 혁신 능력도 다르다. 태생적으로 평등하지 않기 때문에 아무 제약 없이 자유롭게 경쟁하도록 허용하면 빈부의 차가 날 수밖에 없다.

지니계수라는 지표를 통해 세계 각 나라가 현재 얼마나 불평등한지를 객관적으로 살펴본다.

지니계수를 통한 실증 분석에 의하면 자유경쟁시장을 채택한 국가들이 필연적으로 불평등한 국가는 아니라는 결론에 도달한다. 이들은 자유경쟁을 통해 혁신을 촉발했고, 혁신으로 창출한 부를 복지 정책이나 자선 활동을 통해 국민에게 분배했기 때문에 극단적인 불평등을 피할 수 있었다.

불평등한 사회는 윤리적으로 정당하지 않다. 수많은 학자들은 국민의 근로 의욕을 저하시키지 않으면서 평등한 사회를 만들기 위해 노력했다. 이들 중 플라톤의 이상국가론과 롤스의 차등 원칙을 소개한다.

마지막 장인 8장은 혁신가가 지녀야 하는 윤리관에 대해 다룬다. 혁신가가 혁신의 혜택을 독식하는 사회에서는 혁신가가 국민들로부터 존경을 받기 어렵다. 애덤 스미스는 이미 이 사실을 알고 있었다. 그는 시장의 '보이지 않는 손'과 함께 사랑, 믿음, 희망 같은 미덕의 중요성을 설파했다. 즉 혁신가가 사회의 낙오자에 대해 연민을 느끼지 못하면 자본주의는 유지되기 어렵다는 말이다.

부자의 따뜻한 마음, 즉 '리세스 오블리주Richesse Oblige'는 성장과 분배라는 두 마리 토끼를 잡을 수 있는 미덕이다. 부자가 혁신의 혜택을 사회와 나누지 않고 독식하려 한다면 사회는 분배 정의를 위해 세금 징수라는 강제적 수단을 동원한다. 복지 정책 같은 정부 주도의 분배 정책은 혁신가의 혁신 의욕을 저하시킨다.

반면 부자의 자발적 분배는 혁신에 대한 사회적 존경심도 높이면서 동시에 분배 정의도 실현할 수 있다. 8장은 동반성장, 재벌의 골목상권 진출 등 다양한 사회문제를 해결하는 최선책으로 부자의 자발적 자선 행위를 강조한다.

세계 언론은 한국 경제 발전에 관한 기사를 앞다퉈 보도한다. 특히 1997년 외환위기와 2008년 말 시작된 세계 경제위기를 기회로 바꾼 한국인의 저력에 찬사를 아끼지 않는다. 국제경영개발원IMD이 매년 발표하는 국가경쟁력 지표를 봐도 한국의 국가경쟁력은 꾸준히 개선되고 있다. 2001년 세계 29위이던 국가경쟁력 순위가 2010년에는 역대 최고 순위인 23위로까지 올라서 처음으로 일본(27위)을 제쳤다.

삼성전자, LG전자, 포스코, 현대기아차, 현대중공업, 포스코 등 대한민국의 글로벌 기업들은 반도체, 고화질 텔레비전, 휴대전화, 자동차, 조선 등 다양한 산업 분야에서 세계적 기업들과 어깨를 나란히 하고 있다. 국내 초일류기업들이 세계 시장에서 활약하는 모습을 보고 우리 국민들은 성공에 대한 자신감을 갖게 된다.

예를 들어 삼성전자가 매출액, 순이익, 시장가치, 브랜드가치 등 모든 지표에서 일본을 상징하는 소니를 눌렀다는 기사를 접하고 우리가 이미 일본을 따라잡았다고 생각하는 사람들이 많다. 모스크바 크렘린 궁 앞이나 뉴욕 타임스퀘어 광장 한가운데 위치한 한국 기업들의 광고판을 보며 대한민국 국민으로서 자긍심을 느낀다. 국격이 높아지면서 우리 역사에 대한 긍정적 재평가도 활발해졌음은 물론이다.

지난 60년 같은 경제 성장을 향후 60년 동안 지속할 수 있는 대한민국을 상상해 보라. 그것은 실질 일인당 국민소득이 현재의 50배, 즉 약 20억 원인 국가이다. 이는 국민 모두가 경제적 문제로 더 이상 고심하지 않는 물질로부터 해방된 시대를 의미한다.

많은 사람들은 나의 이런 꿈을 황당하다고 비웃을지 모른다. 선진국 진입과 함께 고도성장은 쉽지 않다는 주장에서부터 전 세계가 경제적으로 연결돼 있기 때문에 한국 홀로 고도성장을 구가하기는 어렵다는 주장까지 나름대로 설득력이 있다.

경제 성장을 막는 최대 장애물은 경제가 더 이상 빠르게 성장하지 않으리라는 생각 그 자체이다. 불과 200년 전만 하더라도 전 세계인들은 제로 경제 성장률이 정상이라 여겼다. 이는 지금까지 해왔던 대로 자유, 보상, 존경을 통해 혁신적 사회적 분위기를 유지하면 일인당 국민소득 180만 달러가 불가능한 목표가 아니라는 것이다.

지금 우리 사회에는 혁신적 사회 분위기 조성을 저해하는 지식인, 언론인, 정치인들이 넘쳐나 걱정이다. 그들은 자본주의를 선진국과 후진국, 승자와 패자, 자본가와 노동자, 부자와 빈자의 제로섬 게임으로 인식한다. 누군가 이득을 보면 다른 사람은 손해를 본다는 것이다.

그래서 이들의 진보적 논리는 사회적 약자에게 달콤하다. 이들은 사회적 약자 또는 가난한 사람 편에 서는 것이 자신의 순수성을 보장한다고 믿는 것 같다.

이들은 사회적 약자를 보호하기 위해 시장은 치밀하게 규제되어야 하고, 일자리는 정부 정책에 의해 창출되는 것이라 믿으며, 국내 노동자들을 보호하기 위해 해외로부터의 이민은 제한되어야 한다고 생각한다.

또한 상인은 기회만 있으면 속이려 드는 사람이라 생각해 이익을 많이 낸 기업을 칭찬하기보다 고객을 놀렸다고 비난한다. 시장의 자율적 조정 기능을 신뢰하지 않기 때문에 경제가 복잡해질수록 정부 규제가 더 필요하다고 생각한다. 또한 지난 60년간 우리를 빈곤으로부터 탈출시킨 것은 상인이라기보다 정부와 노동조합이라 여긴다.

만약 자본주의가 제로섬 게임이라면 가난을 벗어나는 방법은 부자의 재산을 세금 같은 강압적 방법으로 빼앗는 것이 옳다. 예컨대 임금을 올리기 위해 노동생산성을 높이는 것보다 노동조합에 의존하거나 정부에 임금 규제를 요청하는 편이 좋다. 하지만 그런 나라에서는 성장을 기대하기 어렵다.

사회적 약자를 위로하고 동정을 베풀기 위해 부자, 자본가, 선진국을 무조건 비난하는 것은 옳지 않다. 좌든 우든 양식 있는 사람이라면 어느 누구나 사회적 약자를 동정한다. 나는 이들에게 '가난을 벗어나는 가장 효과적인 방법은 혁신'이라고 다시 한 번 주장한다. 지난 200년간 자본주의의 핵심 사상인 혁신이 우리에게 베풀어준 혜택을 곰곰이 곱씹어보자.

이번 세계 경기 침체는 꽤 오래갈 모양이다. 언제쯤 경기가 회복될지 아무도 모르지만, 불황의 끝자락에서 누가 승자가 될지 확신할 수 있다. 기업가 정신으로 충만한, 위험을 두려워하지 않는, 강한 자신감과 정신력을 소유한, 자유의지로 가득 찬, 혁신가인 국민이 많은 나라이다.

우리가 해야 할 일은 이런 혁신가들이 자신의 기량을 마음껏 발휘할 수 있는 사회적 여건을 마련하는 일이다. 정부의 경기부양책이나 산업 정책만으로 이번 불황을 돌파할 수 있다고 믿는다면, 이는 인류 경제 성장의 역사를 부정하는 자만에 지나지 않는다.

2008년 9월 리먼브라더스 파산 이후 암울한 경제 관련 뉴스가 연이어 발표될 때 한 기쁜 기사가 있었다. 《조선일보》와 일본 《마이니치 신문》이 공동으로 실시한 한일 여론조사 결과, '이번 경기 침체를 조기에 극복할 수 있다'는 자신감에 있어 한국인(48퍼센트)이 일본인(21퍼센트)보다 월등히 높았다는 내용이다.

더 흥미로운 점은 한국인이 평가한 일본인의 최대 장점은 기술력과 근면성인 반면, 일본인이 평가한 한국인의 최대 장점은 정신력과 도전 정신이라는 것이다. 위기를 기회로 살리는 데 필요한 긍정적 사고, 정신력, 도전 정신을 갖춘 국민이 바로 한국인이다.

2012년 대선과 함께 '경제민주화' '양극화 해소' '전면 복지' 같은 구호가 우리 사회의 주된 관심사로 부각되는 세태를 경계한다. 지난 60년 대한민국의 눈부신 경제 성장의 원동력은 그 어떤 것도 아닌 바로 혁신 의지였다. 혁신이야말로 인류를 빈곤에서 해방시킬 수 있는 유일한 방법이라는 사실을 깨달아야 한다.

대한민국이 세계에서 가장 혁신적인 나라가 되는 데 이 책이 일조하길 바란다.

2013년 1월
김병도

| 차례 |

시작하는 글 | 대한민국, 세계 일등 부국으로 나아가기 위하여 4

1장 오늘의 경제 위기는 또다른 기회이다

플러스 경제 성장률의 비결 28

'기적'의 계보와 1,800달러의 장벽 32

인류 경제사의 슈퍼스타, 대한민국 36

대분기, 인류 역사에서 가장 주목해야 할 경제적 사건 40

경제 불황의 고통이 주는 선물 42

2장 부자 나라 vs. 가난한 나라

'열대나 아열대 국가는 가난하다' 48

'유라시아 대륙에 위치한 국가는 잘산다' 51

'땅 부자만큼 확실한 부자는 없다' 54

'머리가 좋아야 잘산다' 57

'문화가 나라의 부를 결정한다' 63

'시장 친화적인 제도를 갖추면 부국이 될 수 있다' 65

우리는 왜 노벨상 수상자를 배출하지 못하는가 71

3장 혁신은 부자 나라로 가는 원동력

경제 성장의 중요 변수, 혁신 78

'창조적 파괴', 혁신의 또다른 이름 83

혁신의 긍정적 외부효과와 포지티브 섬 게임 86

미국은 세계에서 가장 혁신적인 나라 88

국부 창출 방정식과 혁신 권하는 사회 90

위축된 기업가 정신을 회복하려면 96

안정보다 성장, 혁신적 자본주의의 도래 99

청년 창업은 혁신의 보고이다 101

4장 자유, 혁신 국가의 시작

시장에는 보이지 않는 손이 있다 108

중국에서 산업혁명이 시작되지 못한 이유 112

양초가 안 팔리니 햇살을 규제하라? 117

오히려 기업은 규제를 원한다? 120

자유주의를 부활시킨 프리드먼 123

자유로운 기업만이 살아남는다 128

경제자유도 지수와 기업하기 좋은 나라 133

규제를 줄여야 부패가 줄어든다 137

5장 보상, 혁신을 하는 이유

스티브 잡스가 마지막 날까지 새로운 제품에 매달렸던 힘 145

'욕구단계설' '2요인 이론'…… 대표적 동기부여 이론들 147

'인간은 자신의 능력을 발휘하는 것을 즐긴다' 153

계량화된 평가로는 혁신을 유도할 수 없다 157

'우회의 원칙'과 기업의 사회적 목표 160

우리는 꿈꾸는 사업가를 원한다 162

6장 올바른 혁신의 조건, 윤리적 정당성

인류 역사는 혁신을 거부해 왔다 170

혁신은 '최대 다수의 최대 행복'을 낳는다 174

나의 행복보다는 남의 불행을 바라는 인간 178

행위에 대한 판단 규칙부터 만들어라 179

기업가 정신에도 품질이 있다 182

사회가 발명한 조직, 기업은 성장하면서 사회를 잊는다 186

대한민국 재벌의 혁신에는 윤리적 정당성이 없다 189

7장 그래도 혁신이 답이다

혁신은 가난한 사람을 더 가난하게 만든다? 197

자유시장경쟁과 부의 양극화 202

부의 이상적인 분배 원칙 207

부의 대물림이 양극화 해소의 걸림돌 211

8장 존경, 위대한 기업이 스스로 얻어야 할 마음

윤리학자 애덤 스미스 222

'정승처럼' 벌어 정승처럼 쓰려면 225

국민은 기업의 품격을 원한다 228

기업은 사회적 가치를 존중해야 한다 231

반기업 정서를 진정시킬 리세스 오블리주 234

자선이나 세금으로 가난을 해결할 수 없다 238

사회지도층에게 요구되는 도덕적 의무 241

대기업과 중소 벤처기업의 균형적 발전이 필요한 때 244

정부가 아닌 기업의 자발적 노력으로 함께 성장하자 248

자본주의 윤리와 보이지 않는 마음 251

감사의 글 257

참고문헌 260

1장

오늘의 경제 위기는
또다른 기회이다

‥‥‥‥ 경제 역사의 큰 흐름으로 볼 때 대분기가 바다의 거센 파도라면 경제 불황은 이 파도 속에 던져진 조약돌이 일으킨 작은 파문에 불과하다.

2012년 8월 12일, 여수엑스포가 대장정의 막을 내렸다. 개최지 여수가 인구 30만의 작은 도시라는 불리한 조건에도 불구하고 누적 관람객 수가 800만을 넘겨 비교적 흥행에 성공했다. 이 엑스포의 목표는 기후 변화, 해양자원 개발, 해양보전 등 전 지구적 주제를 대중에게 쉽게 전달하는 것이었다.

원래 세계만국박람회는 선진국들이 자국의 경제력을 과시하기 위해 주로 대도시에서 열던 행사였다. 1851년 영국은 자국의 첨단 기술과 산업을 세계 만방에 선전할 목적으로 런던 하이드 파크에서 세계 최초로 만국박람회를 개최했다.

런던엑스포는 5개월 동안 600만 명이 넘는 인파가 몰려들었을 정도로 인기가 대단했다. 25개국이 출품한 1만3천여 개의 제품 중 영국 제품이 반 이상을 차지할 정도로 당시 영국의 경제적 영향력은 절대적이었다.

당시 관람객들 사이에 '크리스털 궁전'이라 불린 박람회장 건물과 철도 산업의 도래를 알린 '증기기관차'가 가장 인기가 있었다. 런던엑스포가 열렸던 19세기 중엽 영국은 세계 최고의 일인당 국민소득을 자랑하는 혁신의 중심지였다.

영국은 산업혁명을 통해 인류 역사 최초로 플러스 경제 성장률을 지속적으로 유지할 수 있는 노하우를 터득한 국가였다. 영국인은 다른 사람의 재산을 도둑질하지 않고 자신의 노동생산성만을 높여서 부자가 될 수 있다는 사실을 일깨워준 국민이다.

플러스 경제 성장률의 비결

우리는 언제부터인가 매년 한국 경제가 성장할 것이라 확신한다. 당연히 경제 성장률은 플러스여야 한다고 생각한다.

하지만 경제 성장에 대한 기대감을 갖기 시작한 것은 일부 국가에 국한된 최근의 일이다. 인류 역사를 돌이켜보면 일반적인 경제 성장률은 제로였다. 서구 로마나 중국 송나라처럼 시대와 지역에 따라 경제가 일시적으로 좋을 때가 있기는 했지만 플러스 경제 성장률을 지속적으로 유지하는 일은 인류가 영원히 풀 수 없는 난제였다.

1820년 무렵 네덜란드와 영국에서 산업혁명이 시작되기 전까지 사

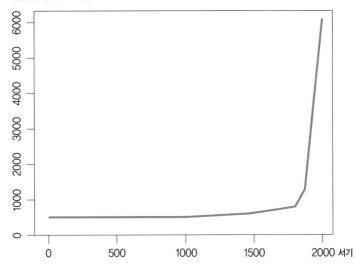

실질 일인당 국민소득($)

그림 2 세계 실질 일인당 국민소득(PPP 기준) 추이

람들은 미래의 삶이 현재보다 나아질 것이라고 생각하지 못했다.

　예컨대 18세기 말 영국의 석학 토머스 맬서스가 "경제 성장을 통해 일인당 국민소득이 단기적으로 증가하더라도 필연적으로 인구가 증가해 그 효과는 상쇄될 것"이라고 주장한 것은 이런 시대적 믿음을 반영한 예측이었을 것이다. 국부를 창출할 수 있는 유일한 방법은 전쟁을 통한 약탈이라 믿었고, 노동과 거래는 천한 신분의 사람들이나 종사하는 일로 취급되었다.

　그림 2는 인류 경제사를 하나의 그래프로 요약하고 있다. 이 그림은 앵거스 매디슨Angus Maddison이 추정한 자료를 기초로 그려진 것이다. 그는 세계 경제사 연구에 필요한 거시경제 자료를 수집하고 추정하

는 데 평생을 바친 영국의 경제학자이다. 여기서 제시된 일인당 국민소득은 구매력평가$^{PPP, Purchasing Power Parity}$ 즉 국가 간 환율 및 물가를 반영한 실질 국민소득이다.

그림 2가 우리에게 주는 메시지는 명확하다. 세계 평균 일인당 국민소득은 기원후부터 500달러 수준으로 변화가 거의 없다가, 1820년을 전후해 급격히 상승해 현재 6,000달러 수준까지 올라갔다는 것이다. 즉 플러스 경제 성장률은 인류 역사에서 고작 200년 전에야 일어나기 시작한 최근의 사건이라는 것이다.

경제 성장의 비결을 터득하기 전까지 전 세계는 기아에 허덕이고 있었다. 그 비결을 터득하지 못한 수많은 국가는 아직도 그렇다. 수십만 년 전 아프리카 사바나에서 사냥과 채집으로 하루하루를 연명하던 인류 조상의 의식주 수준이나 18세기 대다수 국가들이 누리던 의식주 수준에는 별반 큰 차이를 찾을 수 없다. 현재 아프리카 최빈국에 속하는 콩고나 부룬디 국민들의 생활 수준 정도라 생각하면 된다.

왕이나 일부 귀족을 제외한 대다수 일반 국민들은 거주 국가나 시대를 막론하고 하루 평균 약 1,500원 정도(연간 일인당 국민소득 500달러)로 생존해야 했고, 기아와 질병으로 국민의 반 정도만이 30세 이상까지 살 수 있었다.

그들에게 '경제 성장'이란 단어는 '다이어트'만큼이나 생소한 단어였을 것이다. 자신의 생활 수준이 앞으로 나아질 것이란 희망도 없었고, 자식들도 자신과 비슷한 생활을 영위할 것이라 생각했다. 200년 전까지만 해도 인류는 제로 경제 성장률을 너무나 당연한 것으로 여겼다는 것이다.

먹고 사는 문제가 해결됨에 따라 다른 거시적 경제 및 사회 지표들 역시 개선되었다. 지난 200년간 경이적 경제 성장과 함께 세계 인구가 7배나 증가해 맬서스의 비극적 예측은 보기 좋게 빗나갔다.

인류 역사상 기아에 허덕이는 인구 비율이 최저를 기록하고, 25세에 머물렀던 기대 수명 역시 66세까지 급격히 상승했다. 경제적 여유가 생기면서 문맹률 역시 낮아지고 있으며, 여성 및 인종 차별 문제도 상당 부분 개선되었다.

그러나 그림 2에는 나타나 있지 않지만, 200년 전 일어난 경제 성장의 혜택을 누리고 있는 국가는 서유럽, 북미, 호주, 일본, 한국 등 일부 선진국뿐이다. 아직도 아프리카 대륙의 대다수 국가들이나 동남아 국가들은 지속적으로 플러스 경제 성장률을 유지하는 비법을 터득하지 못해 기아에 허덕이고 있다.

즉, 기나긴 인류 경제의 역사를 간단히 요약하면 이렇다. 첫째, 연평균 500달러 수준으로 변화가 없던 일인당 국민소득이 200년 전부터 갑자기 매년 상승해 현재 6,000달러를 상회하게 되었다.

둘째, 모든 국가의 일인당 국민소득은 500달러 수준으로 국가 간 차이가 거의 없다가, 200년 전부터 서유럽에서 시작된 산업혁명의 혜택을 입은 국가와 그렇지 못한 국가 간의 소득격차가 현저히 벌어지기 시작했다.

정치학자 새뮤얼 헌팅턴은 이 현상을 '대분기大分岐, Great Divergence'라고 묘사한다. 산업혁명의 결과, 한 국가나 사회 내의 불평등은 줄었지만

국가간 또는 사회 간 불평등을 증대시켜 '문명의 충돌clash of civilizations'
현상이 일어났다는 것이다.

'기적'의 계보와 1,800달러의 장벽

경제학자들마다 산업혁명 또는 대분기가 시작된 정확한 시점에 대
해 다소 이견은 있다. 하지만 1820년을 전후 1780년부터 1860년 사
이에 영국을 비롯한 일부 서유럽 국가들의 기술혁신의 빈도, 생산성,
일인당 국민소득에 눈에 띄는 변화가 있었다는 점에 대해서는 대부
분 동의한다.

표 1은 몇몇 국가들이 1,800달러의 일인당 국민소득을 달성한 연
도와 현재의 일인당 국민소득을 비교한 것이다. 1820년 세계 최부국
은 네덜란드였고 당시 네덜란드의 일인당 국민소득은 1,838달러였다.
일인당 국민소득이 1,800달러 수준이면 제로 경제 성장률의 고리를
끊기 시작했다고 볼 수 있다.

영국은 네덜란드보다 14년 늦게 1,800달러를 넘어섰고, 다음으로는
미국이 1850년에 부국에 합류했다. 이후 산업혁명이 서유럽 전체로
확산되어 1870년에는 핀란드, 이탈리아, 노르웨이, 스웨덴을 제외한
서유럽 국가들의 일인당 국민소득이 1,800달러를 넘어서게 되었다.

서유럽 및 그 혈통을 이은 국가들을 제외하고 일본이 처음으로 산

국가	$1,800를 처음 넘어선 연도	2011년 일인당 국민소득(PPP,$)	배수(기간)
네덜란드	1820년 ($1,838)	42,330	23배 (190년)
영국	1834년 ($1,828)	35,974	20배 (178년)
미국	1850년 ($1,806)	48,147	27배 (160년)
일본	1921년 ($1,860)	34,362	19배 (90년)
한국	1969년 ($1,839)	31,753	17배 (42년)
중국	1988년 ($1,816)	8,394	4.6배 (23년)

표 1 세계 경제사 '기적'의 계보

업화에 박차를 가하며 1921년 1,800달러를 넘어선다. 일본은 2차 세계대전을 겪으며 경제가 상당 부분 후퇴했으나 이후 고도성장으로 서구 유럽 국가에 비해 거의 2배 빠르게 선진국에 진입한다.

그리고 한국은 일본이 선진국 진입에 소요된 기간을 다시 반으로 줄인 기적을 이뤘다. 우리가 1,800달러의 벽을 깨기 시작한 것은 1969년, 불과 43년 전이다. 인구가 거의 5,000만에 가까운데 이렇게 빠른 시일 내에 선진국에 진입한 국가는 인류 경제사에 유래를 찾아볼 수 없다. 한국은 인류 경제사의 가장 위대한 경제적 사건의 계보를 잇는 국가인 것이다.

아직 부국이 되지 못한 국가의 많은 학생들이 이러한 한국의 경제 기적을 배우러 온다. 외국인들이 한국 드라마나 K-POP에 열광하는 현상은 우리의 비약적 경제 성장과 무관하지 않을 것이다.

다음으로 중국의 성장 잠재력에 주목한다. 중국은 1978년 말 개혁

개방 정책을 채택한 이후 꾸준히 성장해 10년 후인 1988년 1,800달러의 벽을 깼다. 2011년 현재 실질 일인당 국민소득은 8,394달러로 23년 동안 일인당 국민소득이 4.6배 증가했다.

이는 과거 우리의 경제 성장률과 거의 비슷한 속도이다. 13억이 넘는 인구를 보유한 중국이 지금과 같은 고도성장을 지속해 부국의 계보를 이을 수 있을지 초미의 관심사일 수밖에 없다. 그 가능성에 대해선 4장에서 자세히 논의할 것이다.

200년 전 서유럽에서 시작된 산업혁명 이후 국가 간 빈부의 격차는 점점 더 벌어지는 것 같다. 표 2는 국제통화기금이 발표한 2011년 세계에서 일인당 국민소득이 가장 높은 10개 국가와 가장 낮은 국가 10개 국가를 비교한 자료이다.

오늘날 부국과 빈국의 일인당 국민소득 차이는 거의 100배에 이른다. 헌팅턴이 지적한 바와 같이, 대분기의 결과 세계는 부자가 되는 방법을 터득한 국가와 아직도 기아에서 벗어나지 못한 국가로 양분된 것이다.

과거에는 국적보다 신분이 훨씬 중요했지만 지금은 그 반대이다. 즉 예전에는 국적에 관계없이 출생 당시의 사회적 지위와 신분이 중요했다면, 지금은 출생 국가가 훨씬 중요하다는 것이다.

룩셈부르크 같은 부국에 태어난 국민은 하루 평균 20만 원 이상을 쓸 수 있다. 끼니마다 분위기 있는 식당에서 와인과 함께 등심스테이크를 배불리 먹을 수 있고, 일 년에 한 달은 발리의 최고급 휴양지에서 가족 여행을 즐길 수 있다. 옷장은 한두 번밖에 입지 않은 옷들로

순위	국가	일인당 소득 ($)	순위	국가	일인당 소득 ($)
1	카타르	102,891	181	콩고	347
2	룩셈부르크	84,829	180	리베리아	416
3	싱가포르	59,936	179	부룬디	430
4	노르웨이	53,376	178	짐바브웨	471
5	브루나이	49,517	177	에리트레아	731
6	아랍에미리트	48,597	176	중앙아프리카공화국	774
7	미국	48,147	175	니제르	795
8	스위스	43,508	174	시에라리온	846
9	네덜란드	42,330	173	말라위	852
10	오스트리아	41,805	172	토고	892

표 2 최부국과 최빈국의 일인당 국민소득(PPP 기준, IMF 2011)

가득 채울 수 있다.

교외에 방 3개 딸린 40평 정도 되는 주상복합 아파트에 4인 가족이 살고 있지만, 자녀들이 성장하면서 조금 더 큰 아파트로 이사를 계획할 수 있고 나이가 들면서 건강이 걱정되면 매년 100만원이나 하는 건강 진단을 받을 수 있다.

반면 콩고나 부룬디 같은 최빈국에 태어난 사람의 삶을 상상해 보라. 수천 년 전 그의 조상과 별반 다르지 않게 하루 1,500원으로 하루를 버텨야 하는 운명이다. 옥수수 가루를 뭉쳐 만든 부카리를 한 끼라도 먹을 수 있는 날은 운 좋은 날이다. 대도시에서나 변변한 의복을 갖춰 입은 사람들을 만날 수 있다.

국민들 대부분은 직장이 없어 외국 원조 물자로 생활을 연명하지만 그것마저도 부패한 관료가 중간에 착복하는 바람에 혜택을 보기 쉽지 않다. 내전으로 하루 수천 명에 달하는 주민들이 학살당하기도 하고, 마약, 노예 매매, 성범죄가 끊이지 않는다.

나는 사주를 별로 신뢰하지 않는다. 태어난 연도, 월, 일, 시보다는 출생한 국가와 연도가 미래를 결정하는 시대에 살고 있기 때문이다.

인류 경제사의 슈퍼스타, 대한민국

대한민국은 인류 경제사의 슈퍼스타이다. 1945년 일제로부터 해방되던 해 남한의 일인당 국민소득은 구매력평가 기준으로 616달러였다. 당시 아시아 국가들 중 우리 수준의 생활을 영위한 국가들은 중국, 인도, 방글라데시, 버마(현재 미얀마), 네팔, 파키스탄, 캄보디아, 라오스 정도였다.

대부분 세계 최극빈국들로 구성된 아프리카 국가의 평균 일인당 국민소득도 800달러를 상회한 것을 보면, 한국이 얼마나 못사는 나라였는지 어렵지 않게 짐작해볼 수 있다.

당시 우리의 빈곤상을 상징하는 단어로 '보릿고개'라는 말이 있다. 지난 가을에 수확한 곡식은 거의 바닥이 나고 초여름 보리 수확까지는 아직 기다려야 하는 5~6월을 보릿고개 또는 춘궁기라고 한다. 이 시기가 되면 우리도 지금의 아프리카처럼 많은 형제들이 배고파 죽었다.

독자들에게 우리의 과거 경제상을 한 번씩 되돌아보길 부탁한다. 그런 의미에서 1965년, 시인 황금찬이 발표한 「보릿고개」라는 시 일부를 소개한다.

보릿고개 밑에서

아이가 울고 있다.

아이가 흘리는 눈물 속에

할머니가 울고 있는 것이 보인다.

할아버지가 울고 있다.

아버지의 눈물, 외할머니의 흐느낌

어머니가 울고 있다.

내가 울고 있다.

소년은 죽은 동생의 마지막

눈물을 생각한다. (중략)

그런데 코리아의 보릿고개는 높다.

한없이 높아서 많은 사람이 울며 갔다.

……굶으며 넘었다.

얼마나한 사람은 죽어서 못 넘었다. (중략)

고도 경제 성장의 결과 보릿고개는 이제 우리의 기억에서 가물가물한 단어가 되었다. IMF의 발표에 의하면, 2011년 한국의 일인당 국민소득(PPP 기준)은 31,753달러로 세계 25위이다. 해방 후 불과 66년 만에 일인당 국민소득이 50배 이상 성장하는 기적을 일궈낸 것이다.

같은 기간 인구의 증가 역시 맬서스의 예측은 보기 좋게 빗나갔다. 1945년 1,800만 명에도 미치지 못했던 남한 인구가 2011년 현재 4,800만 명으로 2.7배 늘어난 상황에서 실질 일인당 국민소득을 50배 키운 것이다

현재 구매력평가 기준으로 우리보다 잘사는 국가는 24개국뿐이다. 이들 중 룩셈부르크(2), 노르웨이(4), 미국(7), 스위스(8), 네덜란드(9), 오스트리아(10), 호주(11), 스웨덴(13), 캐나다(14), 아일랜드(15), 아이슬란드(16), 독일(17), 덴마크(19), 벨기에(20), 핀란드(21), 영국(22), 프랑스(23)의 17개 국가는 서구 유럽 및 이들의 혈통을 물려받은 국가라 할 수 있다(여기서 괄호 안 숫자는 일인당 국민소득 순위를 의미한다).

24개 부국 중 카타르(1), 브루나이(5), 아랍에미리트(6), 쿠웨이트(12) 4개국은 석유, 천연가스 등 풍부한 자원 덕분에 부자가 된 나라이다. 자원 부국에 대한 문제점은 2장에서 보다 상세히 논의하겠지만, 이들은 최근 유가가 연일 고공 행진을 기록하면서 일시적으로 부자가 된 국가들로 진정한 의미의 선진국이라 말하기는 어렵다. 이들은 국제 유가 변동에 따라 국가 경제가 좌우되는 취약한 경제 구조를 갖고 있고, 수십 년 내로 자원이 고갈될 것으로 예상돼 언제든지 선진국에서 탈락할 가능성이 높다.

예를 들어 카타르는 인구 200만에도 미치지 못하는 작은 나라이지만 천연가스 매장량은 세계 3위이다. 국민총생산^{GDP}에서 석유와 천연가스가 차지하는 비중이 50퍼센트를 넘고 있어, 카타르 정부는 자원 수출로 벌어들인 자금으로 산업을 다각화하기 위해 많은 노력을 하고 있다. 2022년 월드컵 개최국으로 선정된 것도 이런 노력의 결과라 할 수 있다.

우리보다 잘사는 24개국 중 서유럽 혈통 국가와 자원 부국을 제외한 나머지 3개국은 싱가포르(3), 대만(18) 그리고 일본(24)이다. 이들 중 일본은 처음으로 근대화에 성공한 국가이다. 싱가포르와 대만은 한국, 홍콩(국가는 아니지만)과 함께 아시아의 네 마리 용으로 불리는 국가로, 아시아 국가 중에는 일본 다음으로 선진국 진입에 성공했다.

하지만 이들 세 국가는 우리보다는 다소 우월한 조건을 갖추고 산업화를 시작했다. 1945년 한국의 일인당 국민소득은 616달러였는데 반해, 홍콩과 싱가포르는 약 2,200달러, 대만은 약 800달러 수준이었다.

우리나라를 세계 경제사의 슈퍼스타라고 부르는 이유가 바로 여기에 있다. 세계은행 통계에 기록된 229개 국가 중 부자 되는 방법을 터득한 국가, 즉 선진국은 불과 30여 개국밖에 되지 않는다. 이런 점에서 한국은 수많은 후진국들의 롤모델이 되기에 충분한 자격을 갖추었다 할 수 있다.

대분기, 인류 역사에서 가장 주목해야 할 경제적 사건

한국처럼 경제가 빠르게 성장해 온 국가는 국민의 경제 성장에 대한 기대감 역시 빠르게 상승한다. 높은 기대감 때문에 선진국 국민들은 불행해지기 쉽고 정치인은 그들을 만족시키기 어렵다.

좋을 때도 있고 종종 나빠지기도 하는 것이 경기 순환의 속성인데 우리는 경기 침체에 유난히 민감하다. 인간의 수명이 인류 역사에 비해 턱없이 짧아서인지 큰 그림을 보는 능력이 부족한 것 같다. 앞의 그림 2에서와 같이 인류 경제 역사를 하나의 그림으로 관찰해 보면 무엇에 주목해야 할지 명백하다.

200년 전 시작된 대분기를 계기로 인류는 먹고 사는 문제로부터 해방될 수 있는 가능성을 찾았기 때문에 나는 대분기를 우리가 가장 주목해야 할 경제적 사건이라고 주장한다. 대분기, 즉 산업혁명이 없었다면 지금도 전 세계는 기아에 허덕이고 있을 것이다.

경제 역사의 큰 흐름으로 볼 때 대분기가 바다의 거센 파도라면 경제 불황은 이 파도 속에 던져진 조약돌이 일으킨 작은 파문에 불과하다. 우리가 관심을 집중해야 할 일은 1929년 대공황이 아니라 200년 전에 시작된 대분기, 즉 플러스 경제 성장률을 영원히 유지할 수 있는 노하우를 익히고 실행하는 것이다.

마찬가지로 2008년 글로벌 경제위기의 원인 제공자를 찾는 데 시간을 낭비하지 말고, 아직 대분기의 혜택을 보지 못한 수많은 국가들이 산업혁명에 동참해 물질적 풍요를 누릴 수 있도록 하기 위해 무엇을 어떻게 해야 하는지 고민하는 편이 바람직하다.

그런데도 여전히 세계는 2008년 말 미국 비우량 주택담보대출 부실로 촉발된 글로벌 경기 침체 같은 일시적 경제 위기에 집착한다. 대분기의 중요성에 대해 누구보다도 해박한 보수 경제학자들조차 영미식 자본주의에 종말이 도래했다고 호들갑을 떤다.

자유시장주의의 선봉장인 미국조차 자국 산업을 보호하겠다고 사회간접자본 건설에 미국산 철강 제품 사용을 의무화하는가 하면 비효율 조직의 대명사였던 GM을 구제하기 위해 천문학적인 돈을 쏟아붓는다. 국가 운영 철학에서부터 기업의 사회적 역할에 이르기까지 자유시장주의의 기초부터 변하지 않고는 경제 위기를 극복할 수 없다는 주장 일색이다.

그러나 인류 경제의 역사적 흐름에서 보면 이러한 경제 불황은 일시적인 현상에 지나지 않는다. 대부분 선진국들은 대분기 이후 수십 차례 경기 후퇴를 경험했지만 몇 해 지나지 않아 다시 강력한 경기 반등을 경험해 왔다.

예를 들어서 미국이 1850년 이후 160년 동안 2년 이상 연속해서 마이너스 (실질) 경제 성장률을 기록했던 경우는 1893~1894년의 2년, 1920~1921년의 2년, 1930~1932년의 3년, 1945~1947년의 3년, 1974~1975년의 2년, 단 다섯 차례뿐이었다.

한국의 경제 성장 역사를 보면 경기 침체에 대한 우리의 집착이 얼마나 잘못된 것인지 알 수 있다. 우리는 1945년 이후 66년 동안 2년 이상 연속해서 마이너스 (실질) 경제 성장률을 기록한 경우는 한 번도 없다. 마이너스 성장률을 기록한 해는 1951년, 1980년, 1998년 단 세 차례뿐이다. 건국 후 최대 경제 위기였던 IMF 금융 위기때도 바로 다음 해부터 성장세를 회복했다.

지난 60여 년간 우리의 삶은 상상하기 어려울 정도로 변했다. 하루 1,500원으로 겨우 살던 시절에서 10만 원을 쓸 수 있는 천지개벽이 일어난 것이다. 그리고 우리 후손은 우리보다 더 잘살 것이라는 확신과 희망을 갖는다. 과거의 성장세를 앞으로 60년 더 유지할 수만 있다면 우리 손자, 손녀들은 어쩌면 물질로부터 해방된 세상을 살 수 있을지도 모른다.

경제 불황의 고통이 주는 선물

2008년 말 미국에서 시작된 경제 불황의 어두운 그림자가 전 세계에 확산될 즈음 나는 《매일경제》에 '불황의 고통이 주는 선물'이라는 제목의 칼럼을 기고했다. 많은 경제 전문가들이 당시 경제 불황이 1929년 대공항에 버금가는 경기 침체를 야기할 것이라는 비관론을 펴고 있을 때였다. IMF 역시 국가부도에 임박한 국가의 수가 무려 30여 국에 이른다고 전망하며 전 세계를 공포에 떨게 했다.

한국 역시 한미 통화스와프 협정 체결에도 불구하고 달러 환율이 1,500원을 돌파했고, 건설업계 위기, 은행권 대출자산 부실, 가계부채 증가, 저축은행 유동성 문제 등 곳곳에서 경제 위기의 조짐이 감지되고 있었다. 모두가 불황의 공포에 떨고 있을 때 이런 제목의 칼럼을 기고한 바탕에는 대분기 후 플러스 경제 성장은 계속 유지될 것이라는 확고한 믿음이 있었기 때문이다.

불황이란 지속적 경제 성장을 유지하기 위해 반드시 필요한 일시적 조정 현상이기 때문에 불황을 벗어나려고 지나친 경기부양책을 사용하는 것을 자제해야 한다는 취지의 글이다.

단기적 경기부양책이 장기적 경제 발전에 긍정적 효과가 있다는 증거는 없다. 오히려 원칙 없는 경기부양책이 또다른 거품을 야기할 수 있다. 불황은 경기순환 과정에서 필연적으로 발생하는 일시적 경기 침체 현상일 뿐이다. 불황은 아프지만 그 고통은 우리에게 꼭 필요한 것이기도 하다. 불황은 우리의 잘못된 경제행위와 기대감을 바로잡아 주는 치료약이기 때문이다.

경기불황의 긍정적인 면을 살펴보면 다음과 같다. 첫째, 불황과 함께 모든 자산은 거품이 사라지고 그 본원적 가치를 회복한다. 정부의 초강력 규제 아래서도 꿋꿋이 버티던 강남 부동산 가격이 최근 급격히 조정되는 과정이 그 예다.

둘째, 불황이 오면 각 경제 주체는 과도한 소비를 자제한다. 경제 호황이 지속되면 기업과 소비자는 미래 경제에 대한 과도한 기대를 갖는다. 소비자는 자신의 수입 이상의 과소비를 하고, 기업은 장밋빛 미래를 기대하며 대출을 무리하게 늘린다. 불황은 이런 낙관론자들의 행위를 벌함으로써, 우리의 '인식 거품'을 제거한다는 것이다.

셋째, 불황은 좋은 기업과 나쁜 기업을 조기에 가려내 장기적 경제 발전에 기여한다. 호황기에는 생산성이 낮은 기업도 이익을 낼 수 있다. 그러나 불황이 닥치면 가격 경쟁이 치열해지고 소비자가 현명해지면서 경쟁력이 취약한 기업은 시장에서 도태된다. (중략)

그러니 불황이 온다고 너무 조급해하지도 불행해하지도 말자는 것이다.

한센병의 세계적 권위자인 폴 브랜드의 책『고통이라는 선물』이 위로가 될지 모르겠다. 그는 한센병 환자의 피부가 흉측하게 변하는 이유를 최초로 규명한 의사다. 한센병 감염자는 신경 말단조직 파괴로 고통을 느낄 수 없게 되어 부주의하게 상처를 입게 된다는 것이다. 그는 '고통이 축복'이라 주장한다. 인간은 고통을 느낄 수 있기 때문에 고통을 수반한 병을 조기에 발견해 치료할 수 있다는 것이다.

마찬가지로 우린 불황의 고통을 통해 잘못된 경제행위와 기대심리를 수정할 수 있다. '경기부양 아편'을 통해 순간적으로 고통을 잊을 수 있겠지만, 자칫 경제는 불치병으로 치달을 수 있다는 점을 명심해야 한다. 당분간 불황이 주는 교훈을 곱씹으며 경제 기초체력 양성에 매진하는 편이 최선의 선택이란 생각이 든다.

경제 불황은 경기순환의 속성이니 이에 두려워할 필요도 조급해할 필요도 없다. 우리가 주목해야 할 것은 일시적 경기 변동이 아니라 인류 경제사의 커다란 흐름이다. 산업혁명이라는 인류 역사상 가장 위대한 경제적 발명의 혜택을 어떻게 우리의 것으로 체질화하고 이를 유지, 발전시킬 수 있는 비결이 무엇인지 고민해야 한다.

2장

부자 나라
vs.
가난한 나라

······ 국부를 창출하려면 국민이 혁신을 통해 생산성을 높이는 데 매진해야 하고, 국부를 창출할 수 있는 제도적 환경이 조성되어야 한다.

200년 전 영국과 네덜란드에서 대분기가 시작된 이유는 무엇일까? 영국, 미국 같은 선진국은 어떻게 200년 전부터 부국의 길로 들어섰는가? 반면 콩고, 브룬디 같은 아프리카 최빈국들은 왜 아직도 일인당 국민소득 500달러에도 미치지 못한 채 기아에 허덕이는 것일까?

또 한국은 어떻게 60여 년이란 짧은 기간 동안 세계 최빈국 수준에서 서유럽 수준의 선진국으로 진입할 수 있었는가?

국부를 결정하는 요인을 찾으려는 학자들의 노력은 오랜 역사를 갖고 있다. 1748년 샤를 몽테스키외는 그의 명저 『법의 정신』에서 기후와 경제 발전의 관련성을 주장했다. 잘사는 나라는 일반적으로 기후가 온난한 지역에 분포돼 있고, 가난한 나라는 보통 열대나 아열대에 위치해 있다는 것이다.

반면 1776년 애덤 스미스는 시장의 제도적 자유, 노동의 분업을 통한 전문화 같은 요인들을 경제 발전의 핵심 사항으로 꼽았다.

이후 수많은 역사학자, 경제학자, 사회학자, 정치학자들이 국부를 결정하는 요인을 찾기 위해 많은 노력을 기울여왔다. 그 결과, 기후·지역·인적자원·문화·제도·근대화·종속 등 국가 간 부의 차이를 설명하는 다양한 이론들이 제시되었다. 이 장에서는 그 중 대표적인 이론들을 소개한다.

'열대나 아열대 국가는 가난하다'

기후가 경제 발전에 영향을 미친다는 이론은 몽테스키외가 처음 제기한 이후 최근까지도 많은 경제학자들의 지지를 받는 이론이다.

앤드루 카마크Andrew Kamarch는 사하라 사막 이남 아프리카 국가들은 열대에 속해 있기 때문에 가난하다고 주장한다. 고온다습해 작업 효율성과 토지의 생산성이 떨어지는 데다 열대성 질병이 창궐할 가능성이 높기 때문에 경제 발전에 절대적으로 불리하다는 것이다.

최근 세계은행 총재 후보로 물망에 올랐던 제프리 삭스Jeffrey Sachs 역시 경제 발전과 기후 조건의 상관관계를 연구한 경제학자이다. 표 3은 그의 연구에서 발췌한 자료로 기후가 국부에 결정적 영향을 미치고 있음을 보여준다.

세계 30개 최부국의 일인당 국민소득은 42개 최빈국의 15배 정도

국가	최빈국(42개국)	최부국(30개국)
1인당 국민소득(PPP 달러)	1,187	18,818
기대수명(년)	51.5	76.9
기후 별 인구 비율(퍼센트)		
열대	55.6	0.7
사막	17.6	3.7
온대와 한대	12.5	92.6
산악지대	14.0	2.5

출처: Sachs, Jeffrey (1999), "Helping the World's Poorest"

표 3 기후와 국부

이고 기대 수명 역시 25년 정도 길다. 그런데 이들 대부분 부국은 온대와 한대에 분포해 있는 반면 가난한 나라는 열대, 사막, 산악지대 같은 척박한 기후조건을 가진 지역에 집중적으로 분포되어 있다.

데이비드 랜디스David Landes 역시 비슷한 주장을 편다. 그는 세계 지도에서 부국과 빈국의 분포를 보면, 부국은 대부분 온난한 지역, 특히 북반구의 온난한 지역에 위치해 있고 빈국은 대부분 열대 및 아열대에 위치해 있음을 한눈에 알 수 있다고 주장한다.

그는 열대 지방의 뜨거운 기온은 근로 의욕을 떨어뜨릴 뿐 아니라, 말라리아, 빌하르트 주혈 흡충증bilharzias 같은 질병을 빠르게 전염시키는 점을 단점으로 들었다. 또한 열대 지방은 우기와 건기가 명확해 계절에 따른 물 공급량이 불규칙한 점도 경제 발전에 불리하다고 주장했다.

그러나 기후 이론으로 설명할 수 없는 국가들이 있다. 싱가포르는 거의 적도에 위치해 있지만 일인당 국민소득이 6만 달러에 육박하는 선진국으로 발전했다. 또한 남한과 거의 위도가 같은 북한이 아직도 가난에서 벗어나지 못하는 이유 역시 기후 이론으로는 설명할 수 없다.

세계 모든 나라의 부의 차이를 100퍼센트 정확히 설명할 수 있는 사회과학 이론은 존재하지 않는다고 기후 이론가들은 반박할지 모른다.

여기서 기후 이론의 결정적 한계는 200여 년 전 갑자기 서구 유럽에서 산업혁명 또는 대분기가 시작된 이유를 설명할 수 없다는 점이다. 기후 이론이 설득력을 가지려면 서유럽 기후가 200여 년 전에 경제 성장에 유리하도록 바뀐 것이어야 한다.

하지만 19세기 초 세계 기후가 급격히 변했다는 역사적 기록은 어디에도 없다. 기원전이나 지금이나 서유럽은 온대, 아프리카는 열대 지방에 속해 있었다.

나 역시 온화한 기후가 열대 기후보다 살기에 편하다는 사실은 인정한다. 하지만 기후 같은 환경적 요인은 경제 성장을 위한 '극복'의 대상일 뿐, 경제 성장 자체에 결정적 영향을 미친다고는 생각하지 않는다.

산업혁명 전에는 서유럽 국가들 역시 콜레라, 천연두, 결핵, 말라리아 등 온대 지방에서 자주 창궐하는 온갖 질병으로 경제 발전이 저해되었다. 그러나 아프리카 국가들과는 달리 200여 년 전 서유럽은 과학기술 발전과 경제 성장에 매진했기에 이러한 질병들을 극복할 수 있었다.

'유라시아 대륙에 위치한 국가는 잘산다'

기후 이론과 유사한 국부 이론으로 국가의 지리적 위치와 경제 발전의 상관관계를 논하는 이론이 있다. 지리학자이자 생리학자인 제레드 다이아몬드가 이러한 이론을 제기한 대표적 학자이다.

그의 베스트셀러 『총, 균, 쇠』 서두에는 '얄리'라는 총명한 뉴기니 원주민이 등장한다. 어느 날 얄리는 저자에게 "너희 백인들은 그렇게 많은 제품을 생산하는데 우리는 왜 그렇게 하지 못한다고 생각하는가?"라고 질문을 던진다. 저자는 이 얄리의 질문에 대한 대답으로 책을 집필했다고 설명한다.

지역 또는 각 국가별로 경제 발전 속도가 다른 이유는 기후, 지능, 신체조건 등 생리학적 차이가 아니라 지역적 환경 조건의 차이 때문이라고 다이아몬드는 주장한다.

스페인에서 일본에 이르는 유라시아 대륙은 아프리카, 북미, 남미, 오세아니아 같은 대륙에 비해 절대적으로 우세한 지리적 특성을 갖고 있었기 때문에 지난 1만 년 동안 문명이 빠르게 발전했다는 것이다.

그의 주장에 따르면, 유라시아 대륙에는 애초부터 소, 양, 염소, 돼지, 말 등 가축으로 쉽게 길들일 수 있는 다양한 동물이 있었고, 밀, 보리 등 작물로 재배할 수 있는 야생 식물이 풍부했다.

이런 유리한 조건 때문에 유라시아 대륙은 일찍부터 수렵, 채취 생활로부터 벗어나 가축을 길들이고 작물 재배를 시작할 수 있었다. 그 결과 정착 생활이 가능해졌고 잉여 농산물을 바탕으로 인구가 증가하고 도시가 발달하기 시작하면서 문명이 발전하게 되었다는 것이다.

유라시아 대륙이 바다 같은 지역적 장애물 없이 동서로 넓게 분포된 점 역시 강점이라고 다이아몬드는 주장한다.

즉 유라시아 대륙 내에서는 기술 혁신이나 문화가 쉽게 인접 국가로 확산될 수 있었기 때문에 문명이 꽃을 피울 수 있었다. 반면 아프리카나 호주는 각각 사하라 사막과 바다라는 장애물이 있어 기술 및 문화 교류가 상대적으로 어려워 경제 발전이 정체됐다는 것이다.

유라시아 대륙의 문명적 우월성에 대한 다이아몬드의 이론은 매우 흥미롭다. 그러나 일부 학자들은 그의 이론이 논리적으로 취약한 점이 많다고 비판한다.

이들 비판론자들은 유라시아 대륙이 가축화와 작물화에 다소 유리한 조건을 갖추고 있었다는 점은 인정하지만, 사하라 사막 이남 아프리카에도 수수, 얌, 쌀 등 작물로 재배가 가능한 식물과 기린, 얼룩말, 물소, 뿔닭, 영양 등 가축화가 가능한 수많은 야생 동물이 존재했다고 주장한다.

또한 그들은 유라시아 대륙은 지역적 장애물이 적어 기술과 문화 교류가 원활했다는 다이아몬드의 주장에 대해서도 유럽과 아시아 대륙 사이에는 히말라야 산맥과 고비 사막이라는 엄청난 지역적 장애물이 존재했다고 비판한다.

다이아몬드의 지역 이론이 갖는 또다른 문제는 17세기 이후 유라시아 대륙에 있던 다양한 가축, 작물, 기술이 다른 대륙에 전파된 이후 호주나 북미는 잘사는데 남미나 아프리카는 아직도 못사는 이유를 설명할 수 없다는 점이다.

또한 지역 이론은 기후 이론과 마찬가지로 200년 전까지는 유라시아 대륙과 다른 대륙의 경제 수준이 비슷했다가 그 이후부터 어떻게 서구유럽에서만 대분기가 시작되어 경제적 격차가 벌어졌는지 그 이유를 설명할 수 없다.

한편 한국의 경제, 정치, 역사, 문화적 특수성을 평가하면서 반도의 특성을 거론하는 지식인들이 있다. 어떤 학자는 반도는 대륙에서 대양으로 나갈 수 있는 통로인 동시에 대양에서 대륙으로 진출할 수 있는 교두보이기 때문에 항상 강대국들의 격전장이었다고 말한다. 그래서 외세 침입이 잦을 수밖에 없는 운명이었다는 비관론을 펼친다.

물론 반도는 대양과 대륙을 연결하는 문화 발달의 요충지라는 긍정론을 펴는 학자들도 있다.

반도 이론 같은 지정학적 운명론은 다이아몬드의 이론이 갖는 논리적 결점을 공유한다.

즉 한국이 어떻게 60년 전에 대분기를 통해 선진국에 진입할 수 있었는지, 어째서 그 이전에는 세계 최빈국으로 가난에 허덕여야 했는지, 그리고 북한이 아직도 가난에서 벗어나지 못하는 이유를 설명하지 못한다.

'땅 부자만큼 확실한 부자는 없다'

지역 이론과 유사한 논리로 국토에 매장된 천연자원의 가치가 국부를 결정한다는 이론이 있다. 그러나 오늘날 대부분 경제학자들은 천연자원이 국부 창출의 원동력이라고 믿지 않는다.

하지만 아직도 일부 경제사학자는 산업혁명이 영국에서 일어난 이유로 석탄의 중요성을 든다. 2008년 원유 가격이 끊임없이 올라가자 서구 문명의 종말을 예견하던 사람들도 천연자원이 국부의 원동력이라 믿는 사람들이다. 원유는 수많은 제품의 원료이기 때문에 원유의 고갈 또는 원유 가격 상승은 서구 물질 문명의 몰락을 가져올 것이라고 그들은 주장한다.

농업과 수산업이 경제에서 차지하는 비중이 크던 시절에는 비옥하고 넓은 토지와 긴 해안선을 확보하는 일이 중요했다. 산업혁명 이후 제조업이 점차 중요해지면서는 석탄, 철광석, 원유 등 천연자원이 풍부히 매장된 땅을 많이 확보한 나라가 국부 창출에 유리해졌다. 인류가 겪은 수많은 전쟁은 사실 땅이라는 귀중한 자원을 차지하기 위한 국가 전략이 빚어낸 비극이었다.

표 4는 원유, 천연가스 등 대표적인 천연자원을 많이 보유하거나 생산하는 국가들을 열거한다. 이 표에서 괄호 안의 수치는 해당 천연자원에 대해 각 나라가 세계 전체 매장량에서 차지하는 비율을 의미한다. 즉 원유 매장량 세계 1~3위는 사우디아라비아, 캐나다, 이란으로 이들의 세계 원유 매장량 점유율은 각각 20퍼센트, 13퍼센트, 10퍼센트이다.

천연자원(퍼센트)	1위	2위	3위
원유 매장량	사우디아라비아(20)	캐나다(13)	이란(10)
천연가스 매장량	러시아(26)	이란(16)	카타르(15)
금 생산량	중국(12)	남아프리카(11)	호주(11)
은 생산량	페루(17)	멕시코(15)	중국(13)
우라늄 생산량	캐나다(23)	호주(21)	카자흐스탄(16)
고무 생산량	태국(34)	인도네시아(30)	말레이시아(12)

출처: CIA World Factbook (2010)

표 4 천연자원 부국

표 4는 천연자원 부국이 선진국을 의미하는 것은 아니라는 사실을 명확히 보여준다. 원유 매장량 세계 3위인 이란은 일인당 국민소득에서는 세계 73위, 천연가스 매장량 세계 1위인 러시아는 일인당 국민소득 세계 52위 수준이다. 금, 은, 고무 생산량에서 각각 세계 1위인 중국, 페루, 태국은 일인당 국민소득 순위에선 각각 90위, 83위, 84위로 세계 평균 소득에도 미치지 못한다.

자원 이론은 금, 다이아몬드 등 천연자원이 풍부한 콩고가 빈곤에서 벗어나지 못하는 이유와 경제성 있는 천연자원을 거의 갖고 있지 않는 싱가포르, 일본, 한국이 풍요를 누리는 이유를 설명하지 못한다.

자원 이론의 또다른 결점은 앞서 설명한 기후 이론이나 지역 이론과 마찬가지로 200년 전에 서구 유럽에서 시작된 대분기 현상을 설명하지 못한다. 즉 영국이나 네덜란드가 200년 전이나 그후나 천연자원의 변화가 없었지만 수십 배의 경제 성장을 이뤄낸 사실을 설명할 방법이 없다는 것이다.

대분기 이전에는 경제 발전과 천연자원이 어느 정도 관련이 있었을지도 모른다. 하지만 대분기 이후에는 천연자원이 경제에서 차지하는 비중이 점차 줄어들어, 오늘날 세계 총소득에서 천연자원을 포함한 땅이 창출한 부가가치의 비중은 2~3퍼센트 정도밖에 되지 않는다.

물론 천연자원이 풍부한 광대한 영토를 보유한 것은 하늘의 축복이다. 부유한 부모로부터 막대한 재산을 상속받은 사람은 가난하게 태어나 자신의 노력으로 모든 것을 개척해 나가야 하는 사람에 비해 분명 사는 것이 편하다. 그러나 물적 자원은 우리가 믿는 것만큼 그렇게 국가 운명을 좌지우지하지는 않는다.

경제사학자 에릭 존스Eric Jones는 "미국이 잘사는 이유는 하늘에서 받은 천연자원 때문이 아니라 그 자원을 효율적으로 활용할 수 있는 시장과 제도를 갖추고 있기 때문"이라고 했다. 돈을 물려주는 것보다 돈을 버는 방법과 철학을 물려주는 것이 더 중요하다는 의미다.

풍부한 천연자원에도 불구하고 아프리카 대다수 국가들의 경제는 지난 수십 년간 정체되어 있다. 아프리카는 탄탈석, 바나듐, 팔라, 우라늄, 크롬 등 전략 광물strategic mineral의 보고일 뿐만 아니라, 막대한 양의 금, 코발트, 다이아몬드, 망간, 보크사이트 등 그외 다양한 광물을 매장하고 있다. 하지만 이 막대한 자원은 소수 지배자의 탐욕만 채울 뿐이다.

아프리카는 오랫동안 서구 제국의 식민지 지배를 받았다. 아프리카 경제 개발보다는 자원 수탈이 주요 목적이었던 식민지 경험을 통해 아프리카 국민들은 자본주의는 제국주의의 유산이라고 믿었다. 그 결과 대부분 아프리카 국가들이 독립 후 사회주의 정책을 채택했다.

그러나 아프리카의 사회주의 실험은 결국 소수의 지배계급이 국부를 독점하고 국민은 이런 지도자에 저항할 수도 없는 완벽한 실패로 끝난다. 아프리카 국민에게 식민지 독립은 아무 의미가 없었다. 자원 수탈자가 서구 열강에서 지배자로 변경되었을 뿐이다. 성장과 평등을 동시에 달성하겠다고 채택한 사회주의 정책이 성장, 평등 모두 잃게 만들었던 것이다.

인류는 아프리카를 통해 풍부한 자원은 이를 국가 발전에 적절히 활용할 수 있을 때 그 진가를 발휘할 수 있다는 뼈아픈 교훈을 얻었다. 아프리카에게 자원은 축복이 아니라 서구 열강의 침공 이유였고, 독립 후에는 지배계층 간 불평등을 야기한 '눈물'이었다.

'머리가 좋아야 잘산다'

최근 국민총생산에서 서비스 및 지식 산업이 차지하는 비중이 높아지면서 일부 경제학자들은 지속적인 경제 발전을 위해서는 인적자원의 질을 높여야 한다고 주장한다. 오늘날의 산업 구조하에서는 천연자원 같은 하드웨어보다는 인적자원 같은 소프트웨어가 중요하다는 것이다.

경제 발전에 필요한 좋은 인적자원의 의미를 구체화하기는 쉽지 않다. 인적자원은 교육, 직업 능력, 지능, 정직성, 일에 대한 열정, 저축률, 기업가 정신 등을 포함하는 광범위한 개념이다. 그래서 학자들은 인적자원 전체를 연구하기보다 일부 구체화된 인적자원의 구성 요소와 경제 발전의 관계를 규명하기 위해 노력했다.

2002년 심리학자 리처드 린^{Richard Lynn}과 정치학자 타투 반하넨^{Tatu Vanhanen}은 경제 발전과 국민의 지적 능력은 상관관계가 있다는 흥미로운 저서를 출간한다. 그들은 각 국가의 지적 능력은 성인 국민의 평균 지능지수로 측정하고 경제 발전 정도는 일인당 국민소득(PPP 기준)으로 측정했다.

1998년 185개 국가의 해당 자료를 수집하고 분석한 결과는 놀라웠다. 우선 각 국가의 평균 IQ는 59에서 107까지 넓게 분포되어 있었다. 즉 지적 능력이라는 자산은 세계 모든 국가에 평등하게 분포된 자산이 아니라는 점이다.

둘째, IQ와 일인당 국민소득과는 밀접한 관계가 있다는 것이다. 185개 국가 중 평균 IQ가 101 이상인 국가들은 홍콩(107), 한국(106), 일본(105), 북한(104), 대만(104), 싱가포르(103), 오스트리아(102), 독일(102), 이탈리아(102), 네덜란드(102), 룩셈부르크(101), 스웨덴(101), 스위스(101)로 북한을 제외하곤 모두 선진국에 속한 국가들이다.

반면 평균 IQ가 65 이하인 국가들은 콩고민주공화국(65), 감비아(65), 리베리아(65), 세네갈(65), 에디오피아(63), 적도기니(59), 상투메프린시페(59)로 모두 아프리카 대륙에 위치한 세계 최빈국들이다.

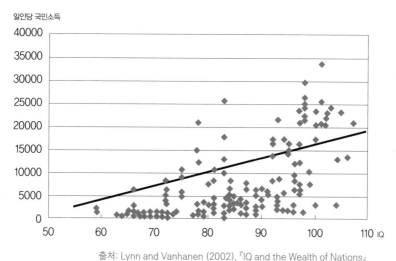

출처: Lynn and Vanhanen (2002), 『IQ and the Wealth of Nations』

그림 3 평균 지능지수와 일인당 국민소득의 관계

그들의 연구 결과를 보기 전까지 나는 우리 부모의 교육열 때문에 한국의 IQ가 높다고 생각했다. 하지만 북한의 IQ가 104로 세계 최고 수준인 것을 보면 한국인의 IQ는 타고난 것으로 보인다. 세계 최고 수준의 지능 유전자와 어린 시절부터 치열한 입시 경쟁으로 무장된 한국인들과 경쟁할 만한 국가는 당분간 없을 것 같다.

그림 3은 IQ와 일인당 국민소득의 관계를 하나의 그림으로 요약하고 있다. 이 그림에서 x축은 각 국가의 평균 IQ, y축은 해당 국가의 일인당 국민소득을 표시한 것이다. 그림 3에 그려진 산포도에서 IQ와 일인당 국민소득이 어느 정도 양의 관계가 있음을 확인할 수 있다. 즉 IQ가 높은 국가일수록 일인당 국민소득이 높다는 것이다.

린과 반하넨은 과학적인 분석을 위해 몇 가지 통계 기법을 도입했는데, 그중 일부를 소개한다. 먼저 IQ와 일인당 국민소득과의 상관계수는 0.696이었고 통계적으로 유의했다. 그리고 평균 IQ를 독립변수 X, 일인당 국민소득을 종속변수 Y로 하는 회귀분석을 적용한 결과 그들은 Y = -27,579 + 411*X라는 회귀식을 도출했다.

그림 3에 표시된 직선이 바로 이 회귀식이다. 회귀식의 기울기가 411이란 의미는 IQ가 1씩 증가함에 따라 일인당 국민소득이 411달러 증가한다는 것이다.

린과 반하넨의 연구는 인적자원의 질을 IQ로 구체화했다는 점, 그리고 IQ와 일인당 국민소득과의 관계를 어느 정도 설득력 있게 규명한 점에서 높이 평가할 만하다.

그러나 그림 3의 산포도가 매우 넓게 분포돼 있다는 사실로부터 확인할 수 있듯이 그들의 이론에 맞지 않는 국가들이 많다. 북한(104), 중국(100), 몽골(98) 등은 IQ는 높은 편이지만 아직 후진국에서 벗어나지 못하고 있는 반면, 쿠웨이트(83), 아랍에미리트(83), 카타르(78) 등과 같은 국가들은 IQ는 낮은 편이지만 선진국에 속해 있다.

IQ 이론의 또다른 약점은 앞서 설명한 이론들과 마찬가지로 200년 전에 시작된 대분기 현상을 설명하지 못한다는 점이다. IQ는 20세기 초 개발된 개념이니 그 이전에 살던 사람들의 IQ를 정확히 알 길은 없다. 하지만 200년 전에는 세계 모든 국가의 IQ가 비슷했다가 대분기 이후 부국의 길로 접어든 국가의 국민들만 갑자기 IQ가 급상승했을 가능성은 거의 없다.

마찬가지로 IQ 이론을 통해 현재 한국이 누리는 풍요는 설명할 수 있지만, 왜 60년 전에는 한국이 빈곤에 허덕여야 했는지 설명할 수 없다. 우리 국민의 IQ가 지난 60년 동안 급격히 좋아졌을 가능성은 매우 낮기 때문이다.

IQ와 함께 많은 학자들이 주목하는 인적자원은 교육이다. 경제 발전에 필요한 자원으로 물적 자원보다 지식 노동자의 중요성이 점차 증대되면서 생긴 자연스런 현상이다.

예컨대 리처드 이스털린Richard Easterlin은 빈곤에서 벗어나지 못하는 국가들의 공통점으로 열악한 정규 학교 교육을 든다. 또한 많은 서구 경제학자들이 한국 경제 기적의 요인으로 교육열을 꼽는 것도 같은 맥락에서다.

그러나 교육 자체가 경제 발전에 항상 도움을 주는 것은 아니다. 경제사학자들에 의하면 산업혁명 당시 영국 노동자들의 교육 수준이 독일 같은 인접 국가들에 비해 높은 것도 아니었고 이 시기를 전후해 교육 수준에 큰 변화가 있었던 것도 아니라고 주장한다.

디어드리 매클로스키Deirdre McCloskey는 "교육은 우리에게 영적 자유를 줄 수는 있지만 우리를 부자로 만들어주진 않는다"라고 주장한다. 교육은 그 목적에 따라 경제 발전에 부정적인 영향을 미칠 수도 있다는 것이다.

왕조시대 중국의 교육 수준은 세계 어느 나라에도 뒤지지 않았다. 그러나 당시 교육은 주로 신분상승을 위한 도구로 활용되었을 뿐, 상업이나 기술 등 경제 발전과 직결된 내용은 조금도 다뤄지지 않았다.

즉 상류층 교육을 많이 받은 사람일수록 혁신적 활동을 천시해 오히려 교육이 경제 발전을 저해시켰던 것이다.

보다 최근 예로 러시아와 쿠바의 교육을 들 수 있다. 공산주의 시절 러시아는 세계 최고 수준의 교육을 자랑했다. 현재도 대졸자 비율에 있어 한국, 캐나다, 일본 등과 함께 세계 최고 수준이다.

러시아는 막대한 교육 투자를 통해 1957년 세계 최초로 우주선 '스푸트니크'를 쏘아올리는 데까지 성공했다. 하지만 이러한 유능한 인력을 활용해 경제를 성장시키고 국부를 창출하는 데는 실패했다. 시장경제를 허용하지 않아 유능한 인재가 지속적인 혁신 활동에 매진할 이유가 없었기 때문이다.

쿠바 역시 문자해독율이 거의 100퍼센트에 가까운 교육 강국이다. 쿠바 정부의 적극적인 교육 투자에도 불구하고 소득은 지난 50년 동안 정체 상태다. 자본주의 시장경제를 원천적으로 배척하기 때문이다.

아직도 쿠바 정부는 국민이 배워야 할 교육 내용을 철저히 통제한다. 의학이나 공학 같은 가치 중립적인 교과목 학습은 허용되지만 사회과학 분야에선 마르크스나 레닌 같은 사회주의자 이론만 배울 수 있다.

정부가 급여 역시 통제하기 때문에 최근 쿠바의 유능한 공학자나 의학도들은 보다 좋은 경제적 조건을 제시하는 베네수엘라나 볼리비아 같은 주변국으로 떠나고 있다고 한다.

'문화가 나라의 부를 결정한다'

인적자원 이론과 유사한 이론으로, 문화가 경제 발전의 원동력이라고 주장하는 사회과학자들이 있다. 예컨대 헌팅턴은 지난 60년간 한국이 아프리카 가나와는 비교도 할 수 없는 경제 성장을 할 수 있었던 것은 문화에 있다고 주장한다.

한국은 근검절약, 투자, 근면, 교육, 조직, 절제 같은 덕목을 중요하게 생각하는 반면, 가나는 경제 발전에 별로 도움이 되지 않는 사회주의적 가치를 중요하게 생각한다는 것이다.

피터 바우어^{Peter Bauer}도 유사한 주장을 한 경제학자이다. 그는 예술가로 성공하려면 예술가적 소질이 필요하고, 좋은 운동선수가 되려면 그에 적합한 운동 능력이 필요하듯, 부자가 되려면 '경제적 소질 economic aptitude'이 있어야 한다고 주장한다.

그는 부자가 된 사람은 "돈을 버는 천부적 재능을 타고 났거나, 남들보다 열심히 일했거나, 야심만만하거나, 진취적이거나, 그것도 아니면 미래를 내다볼 줄 아는 부모를 갖고 있다"고 지적한다.

개개인의 경제적 소질이 다른 것과 마찬가지로 각 국가의 경제적 소질도 다르다. 국민이 경제 발전에 대한 의욕이 충만하고 열심히 노력하는 국가는 부국이 될 수 있고, 아프리카 국가들처럼 국민들이 경제적 소양이 없으면 경제 발전이 정체된다는 것이다.

경제 발전에 있어 기후의 중요성을 주장한 랜디스는 같은 저서 후반부에 막스 베버의 프로테스탄티즘^{Protestantism}의 예를 들면서 문화의 중요성을 언급했다.

베버는 1904년 출간한 그의 명저 『프로테스탄트의 윤리와 자본주의 정신』에서 "영국과 네덜란드 같은 국가가 산업혁명을 통해 빠른 경제 성장을 한 것은 이 지역에 개신교 정신이 일찍부터 자리잡았기 때문"이라 주장했다.

가톨릭과 달리 프로테스탄티즘은 상행위와 같은 세속적인 일에도 도덕적 가치를 부여했고 성실한 노동 행위로 축적한 부는 하느님의 축복이라 주장했다. 프로테스탄티즘의 등장으로 경제 행위를 바라보는 영국인들의 시각 또는 문화가 바뀌어 경제 성장을 할 수 있었다는 것이다.

랜디스는 문화를 "국민을 인도하는 내재적 가치와 태도"라고 정의하면서, 베버의 프로테스탄티즘은 경제 발전에 유리한 문화의 한 예라고 주장한다. 그는 일본, 한국, 독일, 인도네시아가 2차 세계대전 후 경제적으로 급격히 성공한 반면 터키와 나이지리아는 그렇지 못한 이유도 문화적 차이에서 비롯한다고 주장한다.

문화로 경제 발전을 설명하는 이론의 약점은 문화란 모호한 개념으로 구체화하기 어렵기 때문에 측정 및 검증이 쉽지 않다는 점이다. 즉 문화는 기후, 지역, IQ같이 구체적 변수로 설명할 수 없는 모든 것을 포함한다는 것이 문제이다.

예를 들어 일부 학자들은 한국, 일본, 대만의 경제 성장은 유교적 문화에 기인한다고 설명한다. 그러나 같은 유교적 전통을 갖고 있는 중국, 북한, 베트남은 선진국 진입까지 아직 갈 길이 멀다. 한국과 북한, 대만과 중국의 차별적 경제 성과를 설명하기 위해서는 유교 문화 이외의 문화적 차이를 제시해야 한다.

유교적 문화 전통으로 한국의 경제 성장을 설명하려는 노력에는 또다른 심각한 문제가 있다. 영국이나 미국 등 유교문화권 국가가 아닌 국가의 경제 성장을 설명할 수 없다는 것이다.

이들 국가는 베버가 주장한 프로테스탄티즘 문화로 설명할 수 있다고 할지 모른다. 하지만 이와 같은 논리라면 한국이 경제 성장을 한 것은 한국적 문화 때문이고, 방글라데시가 빈곤에 허덕이는 이유는 방글라데시적 문화 때문이라고 설명하는 것과 같다.

즉 문화 같은 모호한 개념으로 경제 발전을 설명하려는 노력은 결국 어떤 것도 설명할 수 없다는 의미이다.

'시장 친화적인 제도를 갖추면 부국이 될 수 있다'

최근 경제학자들은 국부를 결정하는 가장 중요한 요소로 시장 친화적 제도를 든다. 국가의 정책 및 제도의 내용이 국민의 기업가 정신을 결정하고, 구성원의 기업가 정신이 국부를 결정한다는 이론이다.

즉 국부를 창출하려면 국민이 혁신을 통해 생산성을 높이는 데 매진해야 하고, 국부를 창출한 사람에게 그에 걸맞은 보상을 해주는 제도적 환경이 조성되어야 한다는 것이다.

예를 들어 룩셈부르크는 유능한 사람들이 자신의 능력을 유감없이 발휘하기에 좋은 나라이기 때문에 부국이 됐고, 콩고는 그렇지 못한 제도적 환경 때문에 빈국에서 벗어나지 못하고 있다는 것이다.

더글러스 노스Douglass North는 18~19세기 서구 선진국이 다른 나라들보다 빠른 경제 성장을 할 수 있었던 것은 좋은 제도를 갖고 있었기 때문이라고 주장한다.

1689년 제정된 영국의 권리장전이나 1789년 반포된 미국 헌법 같은 제도로 서구 선진국은 상거래에 필요한 거래비용을 줄일 수 있었고, 그 결과 상거래가 활성화되어 경제가 빠르게 성장할 수 있었다.

그는 좋은 제도의 대표적인 예로 사유재산권을 공고히 한 법률을 든다. 영국에서 산업혁명이 일어난 이유는 권리장전 같은 제도를 통해 다른 국가들보다 일찍 개인의 재산권을 보장했기 때문이다.

반대로 사유재산권을 인정하지 않은 사회주의 국가나 전제 독재정권하에서는 성실한 노동의 대가로 부를 얻게 되어도 국가에 몰수당할 것이기에 열심히 일할 인센티브가 없다.

제도는 인간의 행위를 결정하는 제약 조건인 동시에 인센티브의 역할을 한다. 즉 사유재산권이 확실히 보장되면 국민은 부를 축적할 인센티브가 높아지기 때문에 경제 성장을 위해 매진한다는 것이다.

제도와 경제 발전의 관계에 대한 최근 연구로 맨커 올슨Mancur Olson 의 연구가 주목할 만하다. 미국으로 이민 간 사람들의 소득 변화를 통해 제도의 중요성을 보인 부분이 흥미롭다.

그림 4는 세계 최빈국 중 하나인 아이티와 최부국 중 하나인 서독

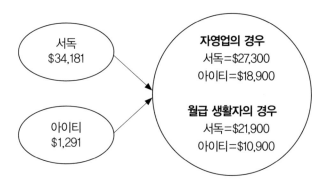

그림 4 미국 이민자의 소득과 이전 국적

에서 미국으로 이민 간 사람들의 미국 내 소득을 기록한 것이다.

아이티 이민자 중 미국에서 자영업에 종사하고 있는 사람의 평균 소득은 18,900달러였고, 서독 이민자 중 자영업 종사자의 평균소득은 27,300달러였다. 월급 생활자의 경우는 아이티 이민자가 10,900달러, 서독 이민자가 21,900달러였다. 서독 이민자가 아이티 이민자보다 자영업의 경우 약 1.5배, 월급생활자의 경우 약 2배만큼 소득이 높았다는 것이다.

올슨은 이러한 소득 차이는 IQ, 교육, 체력, 근성과 같은 인적자원 요소의 차이 때문이라고 설명한다. 즉 서독 이민자는 아이티 이민자에 비해 두뇌가 좋아 1.5~2배 소득이 높다는 것이다.

올슨의 연구에서 더욱 흥미로운 점은 그 다음의 분석이다. 서독이 아이티와 동일한 제도와 경제 정책을 시행한다면 일인당 국민소득이 어떻게 변할지, 그리고 아이티가 서독과 동일한 제도 및 경제 정책을 시행하는 경우 일인당 국민소득은 얼마가 될지에 대한 분석이다.

위 이민자 분석으로부터 우린 서독 사람이 아이티 사람보다 1.5~2배 우수한 인적자원을 갖고 있다는 사실을 알고 있다. 그러므로 아이티의 일인당 국민소득과 서독의 일인당 국민소득의 차이는 1.5~2배 정도 차이가 나야 한다. 하지만 서독(34,181달러)과 아이티(1,291달러)의 실제 일인당 국민소득의 차이는 약 25배이다.

아이티와 서독의 25배라는 커다란 국부 차이는 일부 인적자원의 격차에도 어느 정도 기인하지만 그 외적인 부분, 즉 대부분 제도와 경제 정책에 기인한 것이라는 지적이다.

아이티가 서독의 제도를 채택하는 경우 일인당 국민소득이 1,291달러에서 적어도 17,040달러(34,181달러의 절반)까지 상승할 수 있고, 서독이 아이티의 제도를 채택하는 경우 일인당 국민소득이 34,181달러에서 2,581달러(1,291달러의 두 배)로 하락할 수 있다는 것이다.

아이티가 서독의 제도와 경제 정책을 채택한다면 서독과의 일인당 국민소득 차이를 2배까지 좁힐 수 있다는 주장이다. 이렇듯 이민자의 소득을 통해 제도의 중요성을 부각한 올슨의 접근법은 창의적이다.

하지만 올슨의 분석은 비판의 여지가 있다. 예컨대 서독 같은 선진국에서 미국으로 이민을 간 사람과 아이티 같은 후진국에서 미국으로 이민 간 사람은 애초에 다른 부류의 사람일 가능성을 간과한 점이다.

아이티 국민 중 주로 똑똑한 사람이 미국으로 이민을 했고, 서독의

지표	남한	북한
경제적 요인		
인구 (반명)[a]	4,858	2,405
지능지수[b]	106	104
구리 매장량(만톤)[c]	5.6	290
석회석 매장량(억톤)[c]	85	1,000
경제적 성과		
국민총생산(PPP, billion dollar)[d]	1,544	40
일인당 국민소득(PPP, dollar)[d]	31,700	1,800

출처: List of Countries by Population (2011), http://en.wikipedia.org
Lynn and Vanhanen (2002), 『IQ and the Wealth of Nations』
대한광업공사(2006), IA World Factbook (2011)

표 5 남북한 경제력 비교

경우는 주로 미련한 사람이 미국으로 이민을 했을 가능성을 말한다. 아이티 이민자는 모국 국민에 비해 소득이 현저히 높은 반면 서독 이민자는 모국 국민보다 오히려 소득이 낮은 것을 보면 그 가능성은 충분히 있다.

올슨의 제도 연구는 남한과 북한, 대만과 중국, 예전 동독과 서독 등 정치적 이유로 분단된 국가들의 경제 성과가 좋은 연구 자료가 될 수 있음을 보여준다.

표 5는 남한과 북한의 경제 관련 지표를 요약하고 있다. 남북한은 기후 조건, 지리적 특성, IQ 등 여러 조건에 있어 별반 차이가 없다. 다만 구리, 석회석 등 지하자원에 있어서는 북한이 남한보다 월등히 좋은 조건을 갖고 있다.

그러나 일인당 국민소득(PPP 기준)은 남한이 북한보다 20배 정도 높고, 국민총생산은 40배 정도 차이가 난다. 60년 전 출발 조건은 동일했지만, 제도 및 경제 정책의 차이로 남한(31,753 달러)은 일본(34,362 달러)과 거의 동일한 수준의 선진국에 진입했고 북한(1,800 달러)은 60년 전 수준과 별반 차이가 없는 빈국으로 전락한 것이다.

경제 발전에서 제도의 중요성을 강조하는 학자들은 대부분 신고전학파에 속하는 경제학자라고 볼 수 있다. 애덤 스미스를 신봉하는 이들은 자유시장경쟁이 경제 발전의 원동력이라 여기고 정부 규제 최소화, 공기업 민영화, 무역장벽 해소, 환율 자유화, 외국인 투자 제약 조건 해소 등을 주장한다. 이들은 지나친 정부 간섭은 시장 가격을 왜곡하고 자원 배분의 비효율성을 증대시켜 경제 성장을 저하시킨다고 믿는다.

그러나 다른 국부 이론과 마찬가지로 제도 이론 역시 비판의 여지가 없는 것은 아니다. 예컨대 매클로스키는 영국에서 산업혁명이 일어난 이유를 사유재산권 같은 제도 때문이라는 노스의 주장에 동의하지 않는다.

사유재산권을 인정한 역사적 기록은 이미 약 4,000년 전 바빌로니아 시대 함무라비 법전에서부터 고대 중국, 로마 제국 등 다양한 시대와 지역에서 찾을 수 있기 때문이다. 사유재산권을 보다 공고히 규정한 법률은 그 시대 영국의 국민 정서를 반영한 사건일 뿐 산업혁명을 가능하게 한 직접적 원인은 될 수 없다는 것이다.

우리는 왜 노벨상 수상자를 배출하지 못하는가

이 장을 마감하며 《매일경제》에 기고한 '노벨상 수상에 부족한 2퍼센트'라는 제목의 칼럼을 소개한다. IQ 세계 최고 수준인 우리나라에서 아직 노벨 과학상이 하나도 나오지 않은 점이 안타까워 쓴 글이다.

유대인은 세계에서 가장 우수한 두뇌를 가진 민족으로 알려져 있다. 전세계 인구의 0.3퍼센트에도 미치지 못하는 유대인은 1951년 이후 노벨 과학상(화학, 물리, 의학) 수상자의 29퍼센트와 경제학상의 39퍼센트를 배출하였다. 그들의 성공비결에 대한 다양한 학설이 있다. 그중 가장 널리 알려져 있는 설명은 자녀 교육에 대한 열정이다.

유대인 부모는 자녀에게 우수한 교육 기회를 제공하기 위해서라면 어떤 희생이라도 감수한다. 예컨대 그들은 아무리 가난해도 자녀 교육을 위한 가정교사를 두고 있으며 신랑감으로 랍비(유대교 성직자)나 교육수준이 높은 사람을 최고로 여긴다고 한다.

우리 민족은 두뇌에 있어 유대인 이상이다. 얼마 전 인터넷을 떠들썩하게 했던 세계 IQ 지도에 의하면 대한민국 국민의 평균 IQ는 106으로 세계 1위다. 유대인 중 가장 머리가 좋다는 아슈케나지^{Ashkenazi} 유대인의 평균 IQ가 107 정도일 뿐 유대인 전체 평균은 이보다 훨씬 낮다. 자녀에 대한 교육열 역시 아슈케나지 유대인에 뒤지지 않는다. 자녀 교육을 위해 살던 아파트를 팔고 부부가 생이별을 하며, 사교육비로 전체 수입의 절반 이상을 쓰는 국민은 지구상에서 우리밖에 없을 것이다.

그런데 아슈케나지 유대인 이상으로 두뇌와 교육열을 가진 우리의 노벨상 성적표는 어떻게 이리도 참담한 것일까. 우리에게 지금껏 노벨 평화상 하나만을 수여한 스웨덴 노벨상위원회를 소송이라도 하고픈 심정이다. 노벨상을 받기 위한 우리의 외교 능력에 문제가 있다고 자위해 버리기에는 자존심이 상한다.

국가별 노벨상 점유율을 살펴보면 우리가 노벨상 기근에 시달리는 근본적인 이유를 어느 정도 이해할 수 있다. 1951년 이후 노벨 과학상 점유율을 보면 미국이 58퍼센트, 영국, 독일, 프랑스 3국까지 합치면 90퍼센트가 넘는다. 그리고 아슈케나지 유대인 대부분은 연구환경이 가장 우수한 이들 선진 4개국에 살고 있다.

노벨상으로 가는 길에는 우수한 두뇌, 끊임없는 연구 열정, 그리고 탄탄한 연구 인프라스트럭쳐infrastructure가 필요하다는 것이다. 우리에겐 두뇌와 열정은 있지만 연구 인프라스트럭쳐가 취약하여 아슈케나지 유대인과 같은 성과를 내지 못한 것 같다.

세계사에 족적을 남긴 과학자들은 평생 연구에만 매진했다는 공통점이 있다. 허버트 사이먼Herbert Simon은 어떤 한 분야에 전문적 지식이나 기술을 갖기 위해선 최소 10년에 걸쳐 5만 덩어리의 정보를 습득해야 한다고 주장했다. 그저 한 분야의 전문가 수준에 도달하기 위해 10년 동안 불철주야로 노력해야 한다면 위대한 과학자가 되기 위해선 아마도 평생을 한눈팔지 말고 연구에 매진할 수 있어야 할 것이다.

과학자가 연구에 전념하려면 두 가지에서 해방돼야 한다. 바로 행정업무와 돈이다.

먼저 대다수 우리 과학자는 연구 외에 처리해야 할 업무가 너무 많다. 기초연구 인력의 대부분을 차지하고 있는 대학교수 예를 들어보자. 그들은 매해 수차례 시행되는 입시에서 면접, 출제, 채점에 참여해야 하고 수많은 위원회에 참여해야 한다. 선진국에서는 행정직원들이 해야 할 일을 교수가 해야 하기 때문이다.

반면 필자가 미국 대학교수로 4년 재직하는 동안 입시에는 한 번도 동원된 적이 없었고 교수회의에 딱 2번 참석했던 것이 유일한 행정 업무로 기억한다.

미국과 비교해 우리나라 대학 행정 인력의 수가 턱없이 부족하다. 서울대는 교수 1인당 행정지원 인력이 1사람 미만이지만 미국 명문 대학에서는 3인 이상인 경우가 흔하다. 연구자가 행정업무에 쏟는 절대 시간만 문제가 되는 것이 아니다. 행정업무로 연구 활동이 잠시 중단되면 다시 연구로 돌아가는데 상당한 시간이 필요하기 때문이다.

또하나 과학자가 연구에만 전념할 수 있도록 급여 수준이 현실화 되어야 한다. 우리 국민은 학자에게 존경심을 표하는 대신 보통 사람보다 높은 도덕 수준을 요구한다. 자녀 교육비를 벌기 위해 연구에 등한시할 수밖에 없는 연구자를 어찌 비난할 수 있겠는가.

요즘 외국에서 학위를 받은 후 국내 연구 환경이 열악하다고 그곳에 정착하는 유학생들이 많다고 한다. 일각에서는 이를 고급인력의 유출이라며 우려하고 있다. 하지만 필자는 그리 걱정할 일이라고는 생각하지 않는다. 두뇌와 열정을 겸비한 우리 유학생들이 탁월한 연구환경을 갖춘 나라에서 정착한다면 머지않아 아슈케나지 유대인을 따라잡을 수 있으리라 생각하기 때문이다.

'한국인'은 아닐지 몰라도 한국계 노벨 과학상 수상자가 무더기로 쏟아져 나온다면 좀 위로가 될 것 같다.

부를 축적하는 일이나 노벨상을 수상하는 일이나 그 원리는 동일하다고 생각한다. 경제 성장을 위해 적합한 제도가 필요하듯 노벨상을 받기 위해서는 뛰어난 두뇌 외에 그에 적합한 제도적 환경이 조성되어야 한다.

3장

혁신은 부자 나라로 가는 원동력

······   국민들의 생각과 마음이 국가의 운명을 결정한다. 우리는 자유·보상·존경으로 혁신적 사회를 만들 수 있고 그 결과 선진국이 될 수 있다.

　　　　　미국 43대 대통령 조지 부시는 말실수로 자주 구설수에 오르곤 했다. 부시의 이런 실수를 비꼬아, 공부는 하지 않고 한량으로 사는 인생을 뜻하는 '부시즘Bushism'이란 신조어가 생겨났을 정도였다.

　2002년 부시 대통령은 당시 영국 총리 블레어와 프랑스 대통령 시라크와 함께한 자리에서 다시 한 번 그의 악명을 유감없이 발휘했다.

　그는 연설에서 프랑스 경제를 우회적으로 비판하며 "프랑스 경제가 어려움을 겪는 이유는 프랑스 언어에 '혁신가entrepreneur'에 해당하는 단어가 없기 때문"이라고 했다. 원래 혁신가가 프랑스어로 '시도하다entreprendre'는 동사에서 유래됐다는 사실을 모르고 저지른 실수였다.

　나는 이 해프닝이 부시 대통령의 일상적 실수 그 이상의 중요한 의미를 갖는다고 생각한다. 프랑스를 비롯한 많은 유럽 선진국들과 달리 미국 경제가 꾸준히 성장하는 이유로 부시는 기업가 정신을 거론했다는 점이다.

비록 부시는 자신의 무식을 만천하에 드러내고 말았지만, 혁신은 경제 성장의 원동력이며, 미국은 혁신에 있어 세계 최고임을 유럽 정상들 앞에서 자신 있게 표현한 것이다.

경제 성장의 중요 변수, 혁신

경제 성장은 노동과 자본이라는 투입요소^{input}의 함수라고 전통적인 경제학자들은 설명한다. 즉 국민소득을 올리려면 자동차, 휴대전화, 텔레비전 등의 생산량 또는 산출물^{output}을 늘려야 하고, 산출물을 증대하기 위해선 더 많은 노동자와 자본을 투여해 공장을 신축하고 설비를 증설해야 한다.

전통적인 경제학 이론에 따르면 주어진 투입요소, 즉 자본과 노동으로 최대한 생산할 수 있는 산출물의 조합이 존재한다. 예를 들어 100평의 토지를 소유한 노동자가 쌀만 생산한다면 1년에 200가마니를 수확할 수 있고, 보리만 생산한다면 300가마니를 수확할 수 있다.

그러나 토지 일부에 쌀, 나머지에 보리를 생산하는 경우, 쌀 농사에 배분된 토지의 크기와 노동 시간에 따라 쌀과 보리의 최대 수확량 조합은 변한다. 이렇게 주어진 투입요소로 얻을 수 있는 최대 산출물의 조합을 연결한 곡선을 '생산가능곡선'이라 한다.

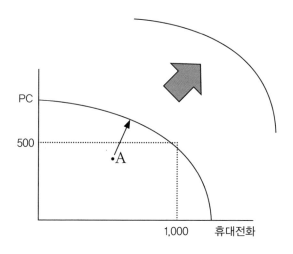

그림 5 생산가능곡선

예를 들어 그림 5는 주어진 자본과 노동이 가장 효율적으로 투입되었을 때 생산할 수 있는 휴대전화와 PC의 최대 산출물 조합을 나타내는 생산가능곡선이다. 즉 동일한 자본과 노동으로 휴대전화 1,000개와 PC 500개를 생산할 수도 있고, 휴대전화 900개와 PC 600대를 생산할 수도 있다는 것이다.

기업 생산 관리자의 주 업무는 주어진 투입요소로 달성할 수 있는 생산량을 극대화하거나, 목표 생산량을 달성하기 위해 투입요소를 최소화하는 일이다. 물론 대부분 기업의 경우 일부 생산 비효율이 존재하기 때문에 산출물 조합은 생산가능곡선 위에 위치하지 못한다. 즉 그림 5의 점 A와 같이 생산가능곡선 아래 위치하는 이는 효율화 작업을 통해 산출물을 증대할 여지가 있음을 의미한다.

생산 관리자는 주어진 기술적 제약 조건 아래서 자신의 경험과 판단력을 총동원해 생산가능곡선 위로 옮겨가기 위해 부단히 노력한다. 예를 들어 작업장에서 노동자가 자신의 능력을 십분 발휘할 수 있도록 그들을 교육하고, 작업에 몰두하지 않고 딴짓은 하지 않는지 감독함으로써 생산 효율성을 극대화한다.

생산가능곡선에 기초한 전통적인 경제 성장 이론에 따르면, 생산량 또는 국부를 증대하기 위해서는 투입요소의 양을 늘리거나 생산의 비효율성을 제거하기 위해 노력해야 한다. 그러므로 전통적인 경제학자들은 영국에서 처음 산업혁명이 일어난 원인을 자본 축적 같은 투입요소의 증대나 작업 효율의 증대로 설명하려 한다.

물론 경제 성장의 초기 단계에서 보다 많은 자본을 투자하면 노동자 일인당 생산량이 증대되는 효과가 있다. 예컨대 소 한 마리로 농사를 짓던 농부가 소 두 마리를 사용해 농사를 지으면 쌀 수확량이 한층 증대되는 효과가 있다.

그러나 최근 경제학자들은 전통적 경제 성장 이론을 신랄하게 비판하면서, 대신 기술 또는 상업 혁신이야말로 경제 발전의 원동력이라고 주장한다. 자본축적 같은 투입요소의 증대로는 지난 200년간 실질 일인당 국민소득이 20배 이상 성장한 서구 경제 성장의 역사를 설명할 수 없다는 것이다.

예컨대 지난 200년간 단위면적당 쌀 수확량은 획기적으로 증대되었다. 그런데 쌀농사에 동원된 소의 수가 늘어난 것으로만 수확량 증대를 설명하는 것은 무리가 있다. 작물 육종 기술의 발달, 선물시장의 발달, 자동화된 작물 수확 기계의 발명, 화학 비료, 디젤 트랙터 등 일련의 기술 및 상업 혁신 덕택에 쌀 수확량이 획기적으로 늘어났고 그 결과 쌀 생산원가가 현저히 떨어졌다는 설명이다.

로버트 솔로 Robert Solow 는 경제 성장의 원천을 실증적으로 규명한 대표적인 경제학자이다. 그의 연구에 따르면 1909년과 1949년 사이 미국인의 노동 생산성은 약 두 배 증대되었다고 한다.

이 중에서 12.5퍼센트는 자본의 증대 때문이고 나머지 87.5퍼센트는 기술 혁신 때문이라 솔로는 주장한다. 기술 혁신의 결과 그림 5의 생산가능곡선 자체가 우상향으로 확장되어, 투입요소의 변화 없이도 산출물이 87.5퍼센트 증대되었다는 것이다. 즉 혁신이야말로 미국의 경제 성장의 역사를 설명하는 가장 중요한 변수라는 것이다.

최근에는 혁신이 국가 경제 성장 또는 기업 성장의 원동력이라는 주장에 학자들 간 이견이 없는 것 같다.

경제 규모나 기업 매출을 현 수준에서 10~20퍼센트 올리는 정도의 일은 우리 모두 지금보다 한층 열심히 그리고 효율적으로 일하면 가능할지 모른다.

하지만 그 규모를 10~20배로 키우는 일은 영업사원 몇 명 더 고용한다거나 좀더 열심히 일하라고 직원들을 매일 괴롭힌다고 달성할 수 있는 목표가 아니다. 국민 또는 종업원 모두가 자발적으로 혁신에 동참하는 길만이 상상할 수 없는 수준의 성장을 가능하게 한다.

혁신의 중요성을 인식하면서 최근 많은 경제학자와 경영학자들이 관련 연구에 매진하고 있다. 혁신 연구자들에 따르면, 고도성장을 통해 선진국에 진입한 국가의 공통점은 경제 발전에 유익한 혁신 활동이 왕성하다는 것이다.

이 국가들은 혁신가의 창의적 활동에 대한 충분한 보상을 제공하기 때문에 국민이 혁신하려고 노력한다. 또한 혁신의 종류에 따라 경제 발전에 미치는 영향이 다르기 때문에, 정부는 국민이 경제 발전에 유익한 혁신에 종사하도록 적절한 정책과 제도를 마련한다.

1960~70년대 한국의 고도 경제 성장을 주도한 박정희 대통령은 긍정적으로 평가할 수 있다. 그는 '잘살아보자'는 구호와 함께 빈곤으로부터의 해방을 온 국민의 염원으로 만들어 혁신적 사회 분위기를 조성했다.

외화나 민간자본이 턱없이 부족한 시기라 박정희 정부는 자원 배분을 시장에 자율적으로 맡기기보다 국가가 필요하다고 판단한 산업에 자원을 집중적으로 배분했다. 즉 수출 주력 산업이나 수입 대체 산업에 집중적으로 특혜 금융을 제공함으로써 고도 경제 성장을 꾀한다는 전략이었다.

당시 정부 주도의 자원 배분은 향후 재벌 중심의 경제 구조를 심화시키는 등 여러 문제를 야기하기도 했지만, 현재 우리나라를 대표하는 수출 산업으로 성장한 전자, 자동차, 철강, 조선, 석유화학 산업이 사업 초기 경쟁력을 신속히 확보하는 데 중요한 역할을 했음은 틀림없다.

'창조적 파괴', 혁신의 또다른 이름

혁신 또는 기업가 정신에 대한 연구는 18세기 프랑스 경제학자 리처드 칸티용^{Richard Cantillon}까지 거슬러 올라간다.

그는 사회 구성원을 임금 노동자와 기업가, 두 종류로 구분했다. 임금 노동자는 정부나 기업으로부터 고정된 급여를 받는 사람이다. 반면 기업가는 고정된 임금을 받지 않고 사업을 영위해 돈을 버는 사람이다. 기업가는 자신이 생산 및 판매하는 제품의 수요가 불확실하기 때문에 소득 변동에 대한 위험을 감수해야 한다.

칸티용의 연구는 임금 노동자와 구분해 기업가를 사회과학 연구의 주제로 처음 다뤘다는 점에서 주목할 만하다. 하지만 이후 약 200년 동안 이론 및 실증 연구의 난해성을 이유로 기업가 정신에 대한 연구는 거의 이뤄지지 않았다.

기업가 정신의 중요성을 학계에 부활시킨 경제학자는 조지프 슘페터이다. 그는 기업가 정신을 경제 성장의 원동력이라 생각했고, 기업가는 "새로운 아이디어나 발명을 통해 창의적인 제품을 출시할 수 있는 능력과 의지를 가진 사람"이라 정의했다. 그는 기업가 정신의 본질은 '혁신'이라 주장했는데 이후 학자들은 기업가 정신과 혁신을 따로 구분하지 않고 사용하고 있다.

슘페터 또는 혁신이란 단어를 생각하면 먼저 떠오르는 연관 검색어는 아마 '창조적 파괴^{creative destruction}'일 것이다. 기업가는 혁신적인 제품을 출시하거나 새로운 비즈니스 모델을 제시함으로써 기존 시장의 열등한 제품을 몰아낸다는 의미이다.

예컨대 카세트테이프는 LP산업을 파괴했고, CD는 또다시 카세트테이프 산업을 파괴했으며, 이후 인터넷 등장과 함께 MP3 디지털 음원 기술이 개발되자 CD 같은 아날로그 음향 산업을 온라인 음악 스트리밍 서비스나 음원 다운로드 산업이 대체하였다.

이와 같은 음반산업의 혁신 결과 소비자는 보다 선명한 음질의 노래를 한층 저렴한 비용으로 들을 수 있게 되었다. 음반을 사기 위해 발품을 팔 필요도 없고, 언제든지 모바일 음원 서비스를 통해 원하는 가수의 특정 곡만을 선정해 들을 수 있다.

혁신 행위, 즉 창조적 파괴는 소비자에게 보다 큰 가치를 제공함으로써 해당 산업에 활력을 불어넣고 경제 성장이 지속되도록 한다.

슘페터는 구체적으로 창조적 파괴의 다섯 가지 유형을 다음과 같이 제시한다.

신제품 개발: 소니 워크맨처럼 소비자가 한 번도 보거나 경험해 보지 못한 획기적인 신제품이나 애플 스마트폰처럼 무선전화기의 성능을 한 차원 업그레이드한 신제품을 개발하는 경우가 이에 속한다.

새로운 생산 방식의 도입: 포드가 자동차 제작에 조립 라인 생산 방식을 도입해 생산성을 수십 배 증대시킨 경우가 이에 속한다.

신시장 개척: CJ, GS 등 국내 TV홈쇼핑 업체들이 중국 시장으로 진출하는 경우나 생명보험사들이 판매하던 저축성 보험을 국내 은행들도 판매하는 경우이다.

새로운 원료나 중간재 공급선 개척: SK에너지 같은 정유회사들이 원유 공급선을 다양화하기 위해 해외 유전개발 사업에 참여하는 경우이다.

새로운 조직의 구축: 19세기 말 록펠러가 스탠더드 오일 트러스트를 조직해 미국 내 정유 산업을 독점한 경우가 대표적 예다. 최근 예로 애플이 '앱스토어'라는 모바일 콘텐츠 시장을 새롭게 구축한 것이 있다.

즉 애플은 앱스토어라는 애플리케이션 유통 플랫폼을 통해 애플의 가치를 끊임없이 높여줄 수 있는 수십만 명의 응용프로그램 개발자들을 큰 노력을 들이지 않고 확보할 수 있는 혁신적인 비즈니스 모델을 제시한 것이다.

개인적 견해이긴 하지만, 슘페터 이후 혁신을 연구한 경제학자와 경영학자들 중 가장 주목할 만한 학자는 윌리엄 보몰^{William Baumol}이다. 그는 슘페터가 제시한 다섯 가지 유형의 창조적 파괴가 사회 전체에 미치는 득과 실에 주목한다.

미국 내 정유소의 95퍼센트를 점유했던 스탠더드오일트러스트처럼 독점적 조직을 구축하는 혁신은 축음기 발명 같은 혁신과는 성격이 다르다는 것이다. 그는 혁신을 생산적인 혁신과 비생산적인 혁신으로 구분함으로써 관련 정책 개발에 큰 기여를 했다. 무조건 기업하기 좋은 환경을 만들 것이 아니라 기업가가 생산적인 혁신에만 매진하도록 제도가 마련되어야 한다.

예컨대 이명박 정부 초기 출자총액규제 폐지로 대기업의 비생산적 혁신만 팽배해졌다는 비판이 많다. 대기업이 적극적으로 첨단산업에 투자하도록 출자총액규제를 폐지했는데, 그 결과는 대기업의 문어발식 확장으로 중소기업들이 더 어려움을 겪게 됐다는 주장이다. 출총제 폐지로 국부의 총량은 그다지 변하지 않고 국부의 계층 간 이동만 있었다는 것이다.

혁신의 긍정적 외부효과와 포지티브 섬 게임

혁신에는 외부효과^{externality}, 또는 파급효과^{spillover}가 있다. 외부효과란 경제학이나 경영학에서 널리 사용되는 용어로, 개인이나 기업의 행위가 다른 사람에게 영향을 미치는 현상을 말한다.

예를 들어 화학 공장이 공해물질을 하천에 방류해 오염시키는 경우 부정적 외부효과가 있다고 말한다. 공장은 오염물질을 몰래 방류함으로써 정화시설 비용을 절감했지만, 인근 주민들은 질병과 악취의 불이익을 받게 된다. 비행기 소음, 험한 운전자, 고성방가 등도 역시 비슷한 부정적 외부효과가 있다.

반면 늦가을 낙엽 타는 냄새, 아름다운 건물과 간판, 주변의 정직한 사람 등은 긍정적인 외부효과가 있다고 할 수 있다.

개인의 부를 증대하는 데 혁신이 투기, 도둑질, 세금 같은 방식보다 좋은 이유는 바로 긍정적 외부효과 때문이다. 투기에 성공한 경우 투기자의 부는 증대되지만 보통 다른 사람의 재산은 줄어든다.

반면 아인슈타인의 상대성 이론의 발견, 조지 스티븐슨의 증기기관차 발명, 애플의 아이폰 같은 혁신은 혁신자의 부뿐만 아니라 혁신에 기여를 하지 않은 사람의 부도 증대시키는 외부효과가 있다.

자본주의의 최대 장점은 바로 긍정적인 외부효과에 있다고 할 수 있다. 마르크스 이론의 최대 오류는 자본주의를 자본가와 노동자, 부자와 가난한 자, 강국과 약소국의 제로섬 게임으로 파악했다는 데 있다. 자본주의의 핵심은 혁신을 통해 파이의 크기를 키우는 '포지티브 섬 게임positive sum game'이라는 사실을 마르크스주의자는 인정하지 않는다.

혁신가를 존경하는 사회적 분위기 역시 세상을 바꿀 정도의 외부효과를 지닌다. 유능한 인재는 직업을 선택할 때 물질적 보상과 함께 사회적 존경 여부를 고려한다.

혁신가를 존경하는 사회에서 유능한 인재는 혁신이 필요한 분야에서 일을 하고 싶어하고, 그 결과 혁신적인 아이디어와 제품이 풍부한 국가가 된다는 것이다.

18세기 중반 혁신에 대한 영국인의 생각과 견해가 긍정적으로 바뀌면서 유능한 인재가 과학, 기술, 상업 분야에 대거 진출했고 그 결과 산업혁명이라는 역사가 이루어진 것이다.

미국은 세계에서 가장 혁신적인 나라

우리 주위에 있는 혁신적 제품들을 잠시 떠올려보자. 플라스틱, 동력 비행기, 전자식 컴퓨터, 전화기, 축음기, 전구, 인터넷, 무선통신, 경구피임약, 나일론, 레이저 프린터……. 지난 150년 동안 우리의 생활을 획기적으로 바꿔놓은 이 혁신 제품들은 모두 미국인이 발명한 것이다.

20세기 초 유럽인들에게 미국은 이해하기 어려운 나라였다. 문화적 뿌리도 없어 열등국으로만 여겨졌던 나라가 고도 경제 성장을 지속하며 세계 최부국으로 급부상한 점도 의문이었고, 당시 유럽 사회에서 들불처럼 번지던 사회주의 사상이 미국에서는 맥을 추지 못하는 점 역시 유럽인의 호기심을 자극했다.

당시 유럽에서 가장 영향력이 컸던 사회주의자 중 한 사람인 베르너 좀바르트Werner Sombart가 미국으로 건너가 미국인들이 사회주의를 거부한 원인을 연구한 것에는 이런 배경이 있었다고 할 수 있다. 그의 연구 결론은 "사회주의 이상향이 쇠고기 구이와 애플파이 앞에서 실패로 끝났다"라는 문구로 요약될 수 있다. 미국에서는 풍요가 넘쳐 사회주의가 먹혀들지 않았던 것이다.

미국 건국 이래 역대 대통령 선거에서 사회주의 색채의 정당이 6퍼센트 이상 지지를 받은 적이 없고, 국회에서도 10개 이상의 의석을 확보한 적이 한 번도 없다. 자유민주자본주의liberal capitalism를 표방한 정당이 거의 독점을 해왔다고 해도 과언이 아니다.

로버트 휴즈와 찰스 핸디는 미국에서 사회주의가 인기가 없는 이유로 건국 초기 청교도 정신을 든다.

17세기 초 미국으로 건너온 청교도들은 자신들이 모세의 후계자라 여기고 미국이라는 '약속의 땅'에서 새로운 역사를 시작한다고 생각했다. 이런 청교도 정신을 반영해 미국 1달러 지폐 뒷면에는 '세기의 신질서^{novus ordo seclorum}'라는 글귀가 새겨져 있다.

청교도 정신은 미국인의 직업 윤리와 미래관에도 큰 영향을 미쳤다고 휴즈는 주장한다. 청교도는 부모로부터 상속받지 않고 자신의 힘으로 부자가 되는 일을 하느님의 축복이라 여긴다. 즉 정당한 노력으로 취득한 부는 부끄러운 것이 아니라 자랑스런 일인 것이다. 돈을 버는 일은 자랑스런 것이기 때문에 개인의 노력과 창의성의 대가를 돈으로 보상하는 것에 미국인들은 거부감이 없다.

이러한 축재에 대한 긍정적 시각은 자유민주자본주의의 발상지인 영국에서조차 상상할 수 없는 일이다. 영국의 지도자 윈스턴 처칠은 부자를 혐오하는 영국인들을 꾸짖기 위해 "부자 사회를 원한다면 부자를 참을 수 있어야 한다"고 말하기도 했다. 부자를 참는 대상이 아니라 찬사의 대상으로 여기는 미국 사회가 처칠은 부러웠을 것이다.

미국 부자들이 자선 활동에 적극적인 이유 역시 자신이 축적한 부를 자랑스럽게 여기기 때문이다. 자랑스럽게 축적한 부를 다시 사회에 환원하는 것은 '난 인생을 잘 살았다'고 세상에 겸손하게 알리는 일종의 홍보와도 같은 행위다.

유럽의 전통 질서를 혐오해 새로운 세상을 건설하려고 약속의 땅으로 건너온 청교도의 후손인 미국인은 '새로움'에 대한 거부감이 별로 없다. 창조적 파괴를 수반해 기존 산업 또는 전통적 질서를 무너뜨리는 경우가 많은 혁신은 대개 전통 질서로부터의 저항에 부딪쳐 전 사회로 확산되지 못한다. 하지만 미국은 혁신에 대한 거부감이 적고, 그 결과 사회가 역동적이다.

많은 미국 대통령 후보들은 연설에서 아메리칸 드림을 역설한다. 1980년 로널드 레이건은 대통령 후보 연설에서 "미국의 오늘은 어제보다 밝았고, 또 내일은 오늘보다 좋아질 것이다"라며 국민에게 희망을 주었다. 미국인들은 자신에게 꿈과 자신감을 준 레이건을 대통령으로 선택했다.

미국 국민들은 200여 년 전 애덤 스미스가 『국부론』에서 지적한 '풍요의 자연스런 성장natural progress of opulence'이 자신들의 땅에서는 항상 실현되리라 확신하기 때문에 분배보단 성장을 주장하는 후보를 선호하는 것 같다.

국부 창출 방정식과 혁신 권하는 사회

인류가 지난 200년간 이룩한 경제적 기적의 중심에는 혁신이 있었다는 주장에 이견이 없을 것이다. 기업가 정신 또는 혁신은 한 나라의 흥망성쇠를 좌우하는 중요한 가치이다.

이런 점에서 프랑스 경제가 침체된 것은 그들의 기업가 정신이 부족하기 때문이라고 비판한 부시 대통령의 지적은 타당했다. 프랑스에는 헨리 포드, 앤드루 카네기, 빌 게이츠, 제프리 베조즈, 스티브 잡스 같은 기업가가 자신의 능력을 마음껏 발휘할 수 있는 사회적 분위기가 조성되어 있지 않다는 것이다.

국부 극대화가 국정 운영의 목표라면 지도자는 온 국민이 혁신하려는 의지로 충만한 사회 분위기를 조성해야 한다. 즉 경제를 성장시키려면 온 국민이 혁신가가 되어 국부 창출에 매진하도록 해야 하는 것이다.

그림 6은 국부 극대화를 위한 일종의 로드맵을 제시한다. 국부를 늘리려면 혁신적 사회 분위기를 조성해야 하고, 그런 사회를 만들기 위해서는 혁신 행위에 대한 '보상reward'을 합당하게 해주고, 국민들이 자신의 혁신 재능을 마음껏 발휘할 수 있도록 '자유liberty'를 줘야 하며, 마지막으로 국민이 혁신가 또는 혁신 행위에 대해 '존경dignity'할 수 있는 분위기를 조성해야 한다는 것이다.

92쪽에 제시한 그림 6의 국부 창출 방정식은 그 핵심 내용에 있어 인문경제학파humanomics의 학자들이 주장한 것과 유사점이 많다.

이들은 경제를 움직이는 힘은 물질적인 것뿐 아니라 국민들의 말, 의견, 태도, 기대감, 희망과 같은 정신적 요소가 중요하다고 주장한다. 경제학자라고 물질주의자일 필요는 없다는 말이다. 경제학도 결국 인간을 다루는 학문이기 때문에 인문학이 중요하게 여기는 주제를 배제하지 말아야 한다고 말한다.

대표적인 인문경제학파 학자인 매클로스키에 따르면 변호사, 교수,

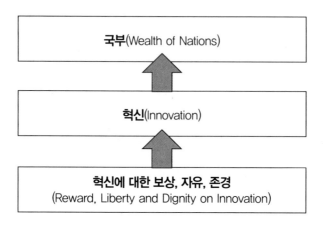

그림 6 국부 창출 방정식

영업사원, 언론인, 광고인 등 설득과 관련된 직업이 창출한 소득이 미국 국민총소득의 약 25퍼센트를 차지한다. 누군가를 설득할 때 물질적 합리성만이 필요한 것이 아니다. 어떤 영업사원은 동정심을 유발하여 판매에 성공하기도 하고, 어떤 정치가는 감성을 자극해 국민을 선동하기도 한다. 경영학 교수로 20년 이상 재직한 나 역시 자신을 물질주의자라 생각한 적은 한 번도 없다.

200여 년 전 영국에서 산업혁명이 일어난 이유로 주류 경제학자들은 투자 증대, 활발한 무역, 사유재산권의 보장, 자본가의 임금 노동자 착취 등 경제적 요인의 변화를 든다.

반면 인문경제학자들은 혁신, 시장, 기업 및 상인에 대한 영국인의 시각이 긍정적으로 바뀌면서 산업혁명이 시작됐다고 주장한다. 알렉스 토크빌이 즐겨 쓰던 말처럼 '마음의 습관habits of mind'에 커다란 변화가 일어나 영국에서 대분기가 시작되었다는 것이다. 말과 의견 같은 사회적 변화가 먼저 일어났고, 그 결과 산업혁명이란 경제적 변화가 일어났다는 지적이다.

산업혁명 전 대부분 유럽인들에게 혁신은 사회의 기존 질서를 파괴하는 나쁜 행위로 취급되었다. 따라서 혁신을 주도한 상인은 멸시의 대상이었다.

그러나 디팍 랄에 따르면 18세기경 영국에서 처음으로 상인과 혁신가의 긍정적 역할을 인정하기 시작했다. 혁신가에 대한 사회적 견해가 바뀌자 국왕이나 귀족이 이들이 축적한 재산을 함부로 빼앗지 못하도록 하는 법을 제정하게 되었고, 그 결과 자본주의가 탄생한 것이다.

매클로스키 역시 유사한 주장을 한다. 부르주아지 또는 중산층에게 '자유와 품위'를 부여하면서 영국은 산업혁명을 일으킬 수 있었다. 투자 확대, 활발한 무역, 사유재산권 보장 등과 같은 경제적 현상들은 4,000년 전 메소포타미아 문명의 수메르에서도 그 흔적을 찾아볼 수 있기 때문에 산업혁명의 직접적 원인이 될 수 없다.

반면 18~19세기 영국의 친상인, 친시장, 친혁신, 친기술자로의 사회 분위기 변화는 인류 역사상 그 유래를 찾기 어렵다.

그림 6으로 다시 돌아가, 혁신에 대한 보상, 자유, 존경은 상호작용을 하며 혁신적 사회 분위기를 조성한다. 보상은 혁신가가 혁신 활동에 매진할 수 있도록 동기를 부여하는 역할을 수행하고, 자유는 혁신가가 자신의 능력을 마음껏 발휘할 수 있도록 제도적 환경을 제공하

며, 존경은 다른 사회 구성원들이 혁신 행위를 윤리적으로 평가하는 일종의 척도를 제공한다.

즉 혁신가에게 보다 많은 보상을 해주고, 이들이 능력 발휘할 수 있도록 합당한 제도적 환경을 만들어주고, 우리 모두가 혁신가를 존경해주면 우리 사회는 기업가 정신으로 충만해져 세계 1등 부국이 될 수 있을 것이다.

혁신가는 보통 사회에 부가가치를 창출하고, 사회는 혁신가에게 그 대가로 보상을 제공한다. 예컨대 일반인을 위한 저렴한 카메라인 '브라우니'를 개발한 코닥은 수많은 소비자에게 편리하게 사진을 찍어 추억을 간직할 수 있는 기쁨을 제공했고, 코닥은 그 대가로 100년 이상 세계 카메라 관련 산업을 지배했다.

보상은 크게 물질적 보상과 정신적 보상으로 나눌 수 있다. 다른 사람으로부터의 존경은 혁신가가 얻는 정신적 보상의 한 유형이라 볼 수 있다. 혁신의 대가로 지나치게 많은 물질적 보상을 청구하면 다른 사람들은 혁신가를 존경하지 않을 가능성이 높다.

빌 게이츠가 PC 운영체계에 혁신을 주도해 그 대가로 천문학적인 돈을 벌었을 때 사람들은 게이츠를 뛰어난 기업가라 평했지만 그를 인간적으로 존경하지는 않았다. 하지만 그가 자신의 상당 재산을 사회에 환원하겠다고 발표하자 그를 위인으로 존경하기 시작했다. 게이츠는 기부 행위를 통해 물질적 보상을 일부 포기하는 대신 존경이라는 사회적 보상을 혁신의 대가로 받았다고 볼 수 있다.

특히 비생산적 혁신은 사회에 추가적 부가가치는 거의 창출하지 못하고 단순히 다른 사람의 부를 빼앗는 성격을 갖고 있기 때문에 타인으로부터 존경을 받기 어렵다. 특정 혁신 행위를 혐오하는 사람이 많아지면 그런 혁신 활동을 제한하는 제도가 만들어진다.

기업의 독점 행위를 금지하기 위해 1890년 미국에서 제정된 '셔먼 독점금지법Sherman Anti-trust Act'이나 1980년 한국에서 제정된 '독점규제 및 공정거래에 관한 법률'이 그 예다. 대다수 국가가 독점을 규제하는 법을 제정한 이유는 국민 대다수가 독점 행위를 혐오하기 때문이다. 대기업이 자신만의 이익을 위해 시장지배적 지위를 이용해 공정한 경쟁을 차단하고 소비자 가격을 높이는 행위를 한다면 누가 존경하겠는가.

보다 최근의 예로 대형마트와 기업형 슈퍼마켓의 영업 시간을 제한하고 강제 휴무일을 늘리는 법을 제정한 경우를 들 수 있다. 2012년 유통업계에서 가장 논란이 되었던 이 법안은 일부 지방자치단체가 지역 내 소상공인과 골목상권을 보호하기 위해 전국에 체인망을 구축한 대형 점포의 마케팅 활동을 제한하려는 목적으로 제정되었다.

이 법이 향후 독점금지법처럼 범국민적 지지를 받아 정착할 수 있을지는 좀더 지켜봐야 할 것 같다. 대형 유통업체들은 지자체의 영업일 규제에 관한 헌법소원을 제기했고 법원은 대형마트 영업 규제가 위헌이라는 판결을 내렸다.

대형 점포의 영업시간을 제한하거나 강제 휴무일을 늘리면 소상공인과 골목상권은 좋겠지만 대형 점포에 고용된 인력은 이를 반기지 않는다. 소비자 역시 자신이 원하는 시간에 쇼핑할 수 있는 기회가 줄어들어 불만이다. 대형 점포는 자신의 혁신적 영업행위를 규제하려는 정치인이나 소상공인이 부당한 요구를 한다고 생각할 것이다.

하지만 국민 중 상당수는 대형 점포의 혁신을 존경하기보다 소상 공인의 어려움에 더 공감하기 때문에 이런 법이 제정된 것이라는 사실을 대형마트들은 직시해야 한다. 혁신에 대한 보상, 자유, 존경은 서로 영향을 미친다는 말이다.

보상, 자유, 존경, 이 세 가지를 갖추면 혁신적 사회를 만들 수 있고 그 결과 선진국이 될 수 있다는 이론의 최대 매력은 각 국가의 운명은 해당 국민들의 생각과 마음이 결정한다는 점이다. 생각만 바꾸면 국가의 운명이 바뀐다.

방글라데시나 아프리카 부룬디 같은 최빈국도 창조적 파괴에 저항 하거나 혁신으로 부자가 된 사람을 미워하지 않으면 선진국이 될 수 있다. 이런 점에서 나는 인문경제학적 접근법을 선호한다.

위축된 기업가 정신을 회복하려면

몇 해 전 대한상공회의소가 현직 CEO를 대상으로 실시한 설문조 사에 따르면, 우리 사회의 기업가 정신이 위축된 가장 중요한 원인은 반 기업정서, 정부규제, 노사갈등이라 한다.

기업가 정신을 되살리려면 우리 국민들이 성공한 기업인들에 대해 존경심을 표하고, 기업이 하는 일에 정부가 간섭하지 않고, 노동자들이 좀더 목소리를 낮춰야 한다는 것이다.

기업인이 위험을 감수하고 혁신을 하는 이유는 그에 상응하는 물질적, 정신적 보상이 있기 때문이다. 그런데 기업가 정신에 대한 보상이 예전 같지 않기 때문에 기업할 열정이 식었다고 한다. 과도한 정부 규제로 기업가 정신을 발휘할 자유를 빼앗겼고, 국민의 반기업정서가 팽배해지면서 존경을 잃었으며, 노사분규로 물질적 보상마저 현저히 줄어 혁신에 대한 열정이 식었다는 것이다.

이런 설문조사를 시행한 이유는 아마도 기업가 정신의 위축에 대한 책임이 기업에 있다기보다 정부나 국민들에게 있다고 주장하고 싶어서일지 모른다. 기업가 정신 회복을 위해 정부가 나서 불필요한 규제를 풀어주고 노사갈등도 막아 달라는 제스처일 가능성이 높다.

하지만 우리나라의 위축된 기업가 정신을 회복하는 데 있어 정부의 역할에는 한계가 있는 것 같다. 앞서 나는 혁신에 대한 보상, 자유, 존경은 서로 영향을 준다고 했다. 국민이 기업인을 존경한다면 정부는 기업규제를 아무런 정치적 부담 없이 풀 수 있다. 반기업정서와 정부규제는 서로 얽혀 있는 문제란 것이다.

노사갈등 역시 그 근본 원인을 따져보면 기업 혁신의 대가로 얻은 이익의 분배가 공정하지 않다고 노동자들이 인식하기 때문에 발생하는 문제이다. 하청기업들이 혁신에 대한 혜택을 대기업만 누린다고 생각하기 때문에 동반성장의 논리가 지지를 얻는 것이다.

대한상공회의소의 조사 결과와는 달리 나는 한국 국민이 기업, 혁신, 상업에 대해 갖는 견해는 그리 부정적이지 않다고 생각한다. 대부분의 대학생들은 이데올로기 문제보다 취업에 관심이 많다. 대학 진학 시 경영학과는 가장 인기 있는 전공 중 하나이고, 학생들은 '부자' 관련 동아리 활동을 자랑스러워 한다. 서점에는 재테크, 자기계발, 주식 및 부동산 투자 등 상업 관련 서적이 넘쳐난다. 대기업 CEO 출신 대통령을 뽑을 정도로 경영인의 사회적 영향력이 커졌다.

그러나 최근 우리나라의 기업가 정신이 크게 위축되어 있다는 대한상공회의소의 우려에는 동의한다. 1970~80년대 같은 혁신적 사회 분위기를 회복하기 위해서는 국민 모두가 노력해야겠지만, 그동안 혁신의 혜택을 누린 혁신가 자신의 반성이 시급하다.

현재 우리 사회의 혁신적 분위기를 저해하는 것은 반기업 정서가 아니라 일부 기업인에 대한 반'기업인' 정서이기 때문이다. 많은 국민은 이들이 혁신의 대가로 너무 많은 물질적 보상을 받았고, 축적한 재산을 자신과 친인척을 챙기는 데만 사용한다고 생각한다.

혁신에 대한 보상, 자유, 존경 중에 우리에게 가장 필요한 가치는 존경이다. 국민이 혁신가를 존경하지 않는 사회에서 어떻게 혁신적 제품이 나올 수 있겠는가. 혁신가 자신이 사회에서 존경받을 수 있는 행위를 솔선하는 일이야말로 존경을 얻는 가장 확실한 방법일 것이다.

안정보다 성장, 혁신적 자본주의의 도래

오늘날 선진 자본주의를 '혁신적 자본주의'라 부른다. 선진국들은 혁신이야말로 경제 성장의 견인차라 믿고 혁신에 매진한다.

윌리엄 노드하우스William Nordhaus는 우리가 현재 사용하고 있는 제품 및 서비스 중 약 70퍼센트는 100년 전에는 존재조차 하지 않았던 새로운 것들이라고 주장한다. 창조적 파괴란 말보다 '창조적 창조creative creation'란 표현이 현대 자본주의를 묘사하는 데 더 어울린다고 여겨질 정도로 새로운 제품들이 매일 쏟아져나온다.

혁신 또는 기업가 정신에 대한 학술적 연구는 역사가 꽤 오래된 편이지만, 오늘날 같은 혁신적 자본주의가 도래할 것이라 예상한 사람은 거의 없다. 경제 성장에서 혁신의 중요성을 누구보다 강조했던 슘페터마저 자본주의는 결국 관료화되고 기업이 대기업화되면서 기업가 정신은 사라지고 사회주의가 도래할 것이라는 비관적인 예측을 했을 정도다.

슘페터와 동시대에 활동했던 케인즈는 심지어 혁신을 아예 신뢰하지 않았다. 민간 주도의 혁신이 야기할 수 있는 경제적 혼란보다는 정부 주도의 경제 정책을 통해 보다 질서정연한 경제 성장을 장담했다. 혁신적 자본주의가 도래하기 전 미국 대기업은 '관리적 자본주의managerial capitalism'를 부르짖었다.

1956년 윌리엄 화이트William Whyte가 출간한 『조직인Organization Man』은 이 시기 미국 대기업이 어떤 생각으로 종업원을 관리했는지 엿볼 수 있는 대표적인 저서이다. 특히 책 중간쯤 등장하는 '천재와의 싸움'이란 장이 흥미롭다.

제목에서 짐작할 수 있겠지만, 당시 대기업은 총명하고 혁신적인 종업원보다 팀 플레이를 원만히 할 수 있는 사람이 필요하다고 생각했다. 총명한 사람은 보통 조직 결속을 파괴하는 이기주의자라고 생각했기 때문이다. 혁신적 성장보다는 질서정연한 안정적 발전을 선호했던 사회 분위기를 반영한 결과이다.

그러나 1980년대 초 이런 관점에 큰 변화가 온다. 미국 레이건 대통령과 영국의 대처 수상의 경제 정책으로 대표되는 신자유주의^{neo-liberalism}는 혁신을 경제 성장의 핵심으로 삼는다. 이후 선진국 정치 지도자들은 좌우 구분 없이 혁신이라는 복음을 전파하는 데 앞장서게 되었고, 기업 역시 관리보다는 창의성, 혁신, 핵심인재와 같은 주제를 경영의 핵심으로 여기게 된다.

혁신적 자본주의 시대에는 조직에 충성하는 사람보다 총명하고 창의적인 사람이 더 대우를 받는다. 관리적 자본주의 시대에서는 기업이 종업원에게 무조건 충성을 요구하는 대신 장기적 고용 안정을 제공했다.

그러나 1980년대 이후 혁신적 자본주의가 도래하면서 구조조정이 일상화되는 등 기업과 종업원 간의 사회적 계약이 파기되었다. 1990년대 전 세계적인 벤처 붐도 고용안정이란 사회적 계약의 파기와 무관하지 않을 것이다.

한편 이런 시대적 환경 변화 속에서 실업수당 및 재교육 지원, 공공사업을 통한 일자리 창출 등 사회 안전망을 적극적으로 확충해야 한다는 정부 정책은 과거보다 설득력을 갖는다.

청년 창업은 혁신의 보고이다

이 장을 마감하며 《조선일보》에 기고한 '위기의 시대, 20代가 희망이다'라는 칼럼을 소개한다. 혁신적 자본주의 시대를 맞이하여 한국 경제의 미래는 청년들이 창업한 벤처기업에 달려 있다는 나의 소신을 반영한 글이다.

새해 사회에 처음 진출하는 대학생들은 불운한 세대이다. 이들은 '좋은 직장'을 목표로 캠퍼스 낭만을 뒤로한 채, 학점과 토익점수, 인턴 등 '스펙' (학점이나 외국어 성적, 자격증 등 취업에 유리한 조건) 관리로 4년을 바쁘게 보냈다.

졸업을 앞둔 이들은 노력의 대가를 기대하며 여기저기 입사 지원서를 제출해 보지만 결과는 참담할 뿐이다. 글로벌 경기 침체의 여파로 이미 국내 고용시장이 꽁꽁 얼어붙어 버렸기 때문이다.

국내 경제연구소들의 내년 실업률 예상치는 평균 3.5퍼센트 수준이다. 그러나 비경제활동 인구를 포함한 체감실업률은 이보다 훨씬 높을 것으로 예상된다. 정부는 새해 경제운용의 초점을 일자리 창출에 맞추고 사회

간접자본 투자 증대, 일자리 나누기 등 갖가지 대책을 내놓고 있다. 그러나 이런 지원책이 시장의 대세를 역전시키기에는 역부족으로 보인다.

취업에 실패한 대학 졸업생이 선택할 수 있는 길은 다음 세 가지가 있어 보인다.

첫째, 대학 졸업을 유예하거나 대학원에 진학해 시장 상황이 좋아질 때까지 일단 시간을 벌어 보는 방법이 있다. 이는 보통 '신중(愼重)형' 학생이 택하는 대안으로 백수로 분류되는 오명을 피할 수 있고 '스펙'을 보다 매력적으로 업그레이드할 수 있다는 장점이 있다.

둘째, 기대수준에는 턱없이 부족하겠지만 일단 인턴직이나 비정규직으로 취업한 후 정규직으로의 이직을 끊임없이 시도하는 방법이 있다. 이 대안은 값진 사회 경험과 함께 최저 생활비라도 벌 수 있다는 장점이 있어 '생계형' 졸업생들이 선호하는 방법이라 할 수 있다.

셋째, 창업이라는 보다 적극적인 대안이 있다. 자신의 가치를 인정해 주는 직장이 없다면 본인이 직접 직장을 만드는 것이다. 실패에 대한 두려움으로 극소수의 '도전형' 학생만이 선택하는 방법이지만, 내가 가장 권하고 싶은 길이다.

창업에는 실패 위험이 따르고, 사회경험이 일천한 20대의 창업은 실패 위험이 더욱 높다. 하지만 20대 창업에는 다음과 같은 여러 가지 장점도 있다.

첫째, 한 회사를 창업하는 데는 취업과는 비교할 수 없는 시간과 정열이 필요한데 20대는 자녀 교육과 같은 책임이 없어 자유시간이 많고 생애 최상의 체력을 갖고 있어 창업하기에 최적이라 할 수 있다.

둘째, 창업에는 항상 실패의 위험이 뒤따르지만, 20대에게는 이 실패의 경험이 약이 될 수 있다. 20대는 실패를 거울삼아 다시 창업에 도전할 수 있는 시간적 여유가 있다는 얘기다.

셋째, 창업에 성공하려면 창의성과 '무모한' 도전정신이 필요하기 때문에 기존 사회질서에 물들지 않은 20대야말로 창업에 적절한 성향을 갖고 있다고 할 수 있다.

마이크로소프트 창업자 빌 게이츠, 델컴퓨터의 마이클 델, 아마존의 제프리 베조스, 구글의 레리 페이지와 세르게이 브린 등 세계 기업 역사를 바꿔놓은 혁신적 창업을 한 사람은 모두 사업경험이 일천한 청년이었다.

혁신이론가들은 풍부한 경험이 오히려 혁신에 방해가 된다고 주장한다. 무지無知가 혁신의 원동력이라는 것이다. 경험이 풍부한 사람은 이것 저것을 재다 일생의 사업 기회를 놓치기 쉽다. 반면 경험이 부족한 20대 창업자는 기회를 과대평가하는 경향이 있기 때문에 사업 실패 확률은 높지만 중대한 사업기회를 시도조차 하지 않는 우를 범하진 않는다.

언제부터인가 우리 사회에선 기업가 정신이 사라졌다고 한다. 어떤 사람은 과도한 기업 규제 때문이라 하고, 어떤 사람은 평등을 우선하는 우리 국민정서 때문이라고도 한다. 나는 우리 사회의 기업가 정신 회복을 위해 대기업들에게 한 가지 사항을 부탁하고 싶다.

사원을 채용할 때 계량화 된 '스펙'에만 의존하지 말고 '도전정신'과 같은 사업에의 열정에 보다 비중을 둬 달라는 것이다. 창업 실패 경험을 한 지원자가 학점이나 토익점수 몇 점 더 획득한 지원자보다 훨씬 훌륭하고 생각하기 때문이다.

대기업이 이렇게 채용 방침을 바꿔 준다면, 대학생들은 '스펙' 관리에 더 이상 귀한 시간 낭비하지 않을 것이고, 대학가는 창업 열기로 뜨거워질 것이다. 그리고 20대 창업의 열기야말로 요즘의 경제위기와 청년실업 문제를 동시에 해결할 수 있는 가장 확실한 방법이 될 것이다.

4장

자유,
혁신 국가의 시작

⋯⋯ 혁신적 자본주의 시대에서 기업은 일종의 사회 시스템이다. 또한 혁신적 자본주의 시대의 종업원은 두뇌와 마음을 지닌 사회 시스템의 구성원이다. 이들에게서 혁신의 기적을 기대한다면 먼저 이들에게 자유를 주어야 한다.

찰스 머리Charles Murray의 저서 『인류의 업적Human Accomplishment』은 문학·예술·과학·철학 분야에서 인류에 큰 영향을 미친 인물들의 업적을 비교적 객관적인 방법으로 순위를 매겼다는 점에서 흥미롭다.

그의 평가에 의하면, 천문학에서는 갈릴레오, 생물학에서는 다윈, 물리학에서는 뉴턴과 아인슈타인, 수학 분야에서는 오일러와 가우스, 의학에서는 파스퇴르, 기술 분야에서는 제임스 와트와 에디슨, 음악에서는 베토벤과 모차르트, 미술에서는 미켈란젤로와 피카소, 서구 철학에서는 아리스토텔레스와 칸트, 서구 문학 분야에서는 셰익스피어와 괴테가 가장 위대한 업적을 남긴 위인이었다.

이들 위인들 덕분에 우리는 우주를 이해하고, 복잡한 수학 문제를 쉽게 해결할 수 있게 되었다. 치명적 전염병으로부터 해방되었으며, 아름다운 음악과 미술 작품을 감상할 수 있게 되었다.

머리는 위인들의 순위를 매긴 후 이들이 일평생 자신의 분야에 매진했던 개인적 이유와 위인을 배출한 사회적 환경의 특성에 대해 몇 가지 가설을 도출했다. 위인들의 공통점 중 하나는 이들이 정부나 권력 기관의 지시에 따라 자신의 분야를 개척한 것이 아니라는 점이다.

즉 문학·예술·과학·철학·기술 등 우리 사회 각 분야의 발전은 정부의 명령에 의해 만들어진 것이 아니라, 개인의 뛰어난 재능 및 열정, 그리고 다양성을 용납하는 사회 분위기의 합작품이라는 것이다. 혁신은 자유롭게 생각하고 행동할 수 있는 환경에서만 꽃을 피울 수 있는 독특한 식물이다.

시장에는 보이지 않는 손이 있다

원자재 구매·생산, 종업원 고용, 임금 책정, 제품 구매, 배송, 주문, 광고, 마케팅, 자본 조달 등 한국 내에서만 하루에도 수백만 건의 경제 행위가 이루어진다. 이런 복잡한 경제 행위를 조정하는 방법에는 크게 두 종류가 있다. 군대나 전체주의 국가에서처럼 중앙 조직이 강제력을 동원하는 방법과 국민 개개인의 자발적 협력을 근간으로 한 시장 방식이다.

고대 사회에서는 경제 행위의 빈도도 높지 않고 그 유형도 그리 복잡하지 않아 중앙집권적 자원 배분이 가능했다. 조직 구성원의 수가 적고 다양하지 않은 중소기업의 경우도 마찬가지다. 하지만 오늘날 한국 경제처럼 복잡하고 다양한 이해관계자가 존재한다면 강제적 자원 배분은 비효율적일 수밖에 없다.

애덤 스미스가 제시한 자발적 협력을 통한 자원 배분 이론은 한 마디로 천재적이다. 시장의 '보이지 않는 손invisible hand'이라 알려져 있는 그의 이론을 닭의 생산과 소비의 예로 설명해보자.

닭의 생산량 또는 공급이 닭을 찾는 소비자의 수요보다 적으면 초과수요가 발생하고 그 결과 닭 가격은 상승한다. 가격 상승과 함께 닭 생산업자의 이익이 늘어나기 때문에 더 많은 사람이 닭을 생산하기 시작할 것이고 그 결과 닭의 공급량은 증대된다. 공급이 늘어나면 가격은 떨어지고 결국 닭 생산업자는 정상 이윤을 얻게 된다.

반대로 닭의 공급이 소비자의 수요보다 크면 초과공급이 발생하고 그 결과 닭 가격은 하락한다. 가격이 떨어지면 닭 생산업자의 이익이 하락하기 때문에 닭 생산업자가 시장을 떠나고 그 결과 닭의 공급은 하락한다. 공급이 줄면 가격은 상승하고 결국 닭 생산업자는 정상 이윤을 얻게 된다.

시장에 의한 자원 배분의 핵심은 개인의 이기심과 경쟁이다. 그래서 시장에서의 자발적 교환에 기반한 경제 시스템을 '경쟁적 자본주의'라 부른다.

스미스는 생산자와 소비자 모두 자신의 이익을 위해 자발적으로 거래에 참여하지만 경쟁의 결과 사회 전체의 이익을 극대화하는 자원 배분이 이뤄진다고 주장한다. 자발적 거래를 통해 생산자는 적정 이윤을 취득하고 소비자는 소비자 잉여를 얻음으로써 사회 전체의 복지는 상승한다는 것이다.

소비자에게는 거래할 수 있는 여러 경쟁적 생산자가 있기 때문에 어느 한 생산자의 횡포로부터 보호받을 수 있다. 마찬가지로 생산자는 판매 가능한 여러 경쟁적 소비자가 있기 때문에 어느 한 소비자의 횡포로부터 보호를 받을 수 있다. 고용자는 경쟁적 노동자 시장이 있어 자신의 목표에 부합되는 노동자를 고용할 수 있고, 노동자는 경쟁적 고용주가 있어 자신에게 적절한 직장을 구할 수 있다.

18세기 스미스가 이런 획기적인 이론을 발표한 것은 당시 영국인의 생각과 견해에 큰 변화가 있었기 때문에 가능했을 것이다. 특히 영국의 지식인과 상류층은 자신의 이익 실현을 위해 일하는 상인이 결과적으로는 국가 전체에도 이익을 준다는 사실을 인정하기 시작한 것이다.

영국의 한 무명 작가는 이런 인식의 변화를 "탐욕이 자선을 대체했다. (……) 어떤 자선단체가 약재를 구하러 동인도제도 같은 위험천만한 오지로 달려가 최악의 작업 조건에서 몇 년간 일하겠는가? (……) 탐욕만이 이런 모든 것들을 불평 없이 수행하도록 한다"라고 표현했다.

영국인들은 경멸의 대상으로만 취급했던 '탐욕'에 긍정적 측면이 존재한다는 사실을 처음으로 인정하기 시작했고, 스미스는 이런 인식 변화에 정당성을 부여하는 이론을 제시한 것이다.

영국보다 경제 발전이 뒤쳐졌던 프랑스의 지식인들은 영국의 산업화를 부러워했다. 영국에서는 시장이나 상인에 대한 이런 생각의 변화가 있었기에 권리장전이나 인신보호법^{habeas corpus} 같은 법을 다른 유럽 국가들보다 일찍 제정해 상인들에게 자유를 줄 수 있었다고 볼테르나 몽테스키외는 평가한다.

규제 없이 자신이 원하는 것을 무엇이든 만들 수 있는 '레세페르laissez-faire'와 자신이 원하는 무엇이든 거래할 수 있는 '레세파세laissez-passer'가 실현된 것이다. 탐욕적으로만 여겼던 상행위가 국가와 국민에게 이익이 될 수도 있다는 생각의 변화가 있었기에 영국의 혁신가에게는 자유가 주어졌던 것이다.

스미스는 자유로운 시장이 주는 혜택을 "우리가 저녁 식사를 할 수 있는 것은 푸줏간 주인이나 빵집 주인의 자비심 덕택이 아니라, 그들이 이익을 챙기려는 이기심 덕분"이라고 표현했다.

탐욕에 의한 자발적 교환은 거래 당사자 모두에게 이익을 제공한다. 반면 양자가 거래 조건을 합의하지 않은 강압적 거래에서는 이득을 보는 사람과 손해를 보는 사람이 있다. 강압적 거래에서는 거래를 강요한 사람이 강요당한 사람으로부터 무엇을 빼앗는 성격을 갖고 있기 때문이다.

1733년 볼테르는 프랑스 독재정권을 신랄히 비판하는 한편 영국의 자유로운 시장을 선망했다.

"왕에 절대적으로 충성하는 귀족과 탐욕스런 상인 중 누가 더 국가에 이득이 되는 사람인지 잘 모르겠다. 충성스런 귀족은 국왕의 아침 기상 시간을 정확히 예측할 수 있는 사람이다. 반면 상인은 자신의 사무실에서 주문서를 세계 각지에 보내고, 상거래를 통해 국가를 부유하게 하고, 세계 복지에 기여하는 사람이다."

경쟁적 자본주의는 개인 간의 자발적 교환에 의존해 자원 배분을 하기 때문에 정부의 역할을 최소화한다. 정부는 원칙적으로 정치적인 자원 배분 활동을 하는 곳이기 때문이다. 경쟁적 자본주의자들은 개인이 해결하기 어려운 국방, 외교, 그리고 거래의 규칙을 정하고 집행하는 심판자의 역할 정도를 정부가 수행해줄 것을 기대한다.

중국에서 산업혁명이 시작되지 못한 이유

상업의 자유란 측면에서 서구 유럽과 정반대의 길을 선택한 나라가 중국이다. 1776년 스미스는 『국부론』에서 중국에 대해 다음과 같이 묘사하고 있다.

중국은 오랫동안 정체돼 있는 것 같다. (……) 중국은 외국과의 교역을 멸시하고 한두 개의 항구만을 외국 상선에 개방하고 있기 때문에 무역이 원활히 이뤄지지 않고 있다. 소수 부자들의 사유재산은 보호를 받고 있지만, 대부분의 가난한 사람들의 재산은 형편없는 관료들에 의해 정의 구현이란 미명하에 약탈당하는 일이 비일비재하다.

얼마 전 중국의 한 아마추어 지도연구가 류강劉鋼이 출간한 『고지도의 비밀』이란 책이 화제가 되었다. 그는 1418년에 제작된 것으로 알려진 고지도 〈천하제번식공도天下諸番識貢圖〉의 모사본인 〈천하전여총도天下全與總圖〉를 증거로 제시하며 중국이 콜럼버스보다 74년 일찍 아메리카 대륙을 발견했다고 주장했다.

그 지도에는 놀랍게도 북남미 대륙뿐 아니라 오세아니아 대륙도 선명히 그려져 있다. 기존 통설을 완전히 뒤집는 주장이라 국내 방송에서도 그 내용이 방영되었던 것으로 기억한다. 물론 주류 역사학자들은 이 지도가 모조품에 지나지 않으며 그의 주장은 설득력이 없다고 반박한다.

류강이 제시한 고지도의 진위를 떠나, 15세기 초 중국의 조선업과 항해술은 이미 선박으로 세계일주를 충분히 성공할 수 있을 정도로 발전해 있었다. 신대륙을 발견하고자 마음만 먹었다면 중국이 세계지도를 완성할 수 있었다는 이야기다.

1492년 크리스토퍼 콜럼버스는 스페인 여왕으로부터 자금을 지원받아 어렵게 마련한 작은 배 4척과 선원 150명과 함께 스페인을 출발해 인도로 간다. 그 바닷길에서 폭풍우를 만나 미국 대륙을 발견했다. 사실 콜럼버스는 죽는 순간까지 유럽에서 아프리카를 거치지 않고 아시아로 가는 직항로를 개척했다고 믿었다고 한다.

그런데 콜럼버스보다 거의 100년 전인 1405년 명나라 환관 정화鄭和는 동남아와 아프리카로 적어도 7차례의 항해 원정을 떠났다. 제1차 원정에 동원된 선박은 317척, 동승한 선원 수는 2만8천 명에 이르렀다고 한다. 랜디스에 따르면 콜럼버스의 배는 길이 25미터 정도였던

중국 발명품	발명 시기	유럽에 전해진 시기
실크	1300 BC	553 BC
접는 우산	300 BC	1600년대
종이	105 AD	1150년
차(茶)	270 AD	1600년대
연	549 AD	1589년
화약	770 AD	1330년
인쇄술	868 AD	1456년
나침반	1050 AD	1190년

출처: Morton (1983), China: A Teaching Workbook

표 6 중국의 대표적 발명품

반면 정화의 배는 120미터 정도의 거함이었다고 한다.

15세기 전까지 기술 및 발명품에 있어 유럽은 중국의 적수가 되지 못했다. 세계 4대 발명품인 종이, 화약, 인쇄술, 나침반을 비롯해 수력방적기, 손수레, 자기 등은 중국에서 세계 최초로 발명된 획기적인 제품들이다. 표 6은 중국의 대표적 발명품과 발명 시기, 그리고 유럽에 그 발명품이 전해진 시점을 기록하고 있다.

중국 기술의 우월성은 발명품에 국한되지 않았다. 중요 산업 분야에서도 유럽은 중국의 상대가 되지 않았다. 중국은 11세기 말 이미 석탄과 코크스를 활용해 용광로에서 철을 녹이는 기술을 보유했고, 연간 12만5천 톤에 달하는 선철을 생산했다. 영국은 18세기가 되어서야 이 정도 양의 선철을 생산한 것을 보면 당시 중국과 유럽의 격차가 어느 정도였는지 상상할 수 있다.

그렇게 잘나가던 중국이 세계 경제 주도권을 유럽에 넘겨줘야 했던 이유는 무엇일까? 1430년대부터 명나라 정부가 유교주의자들을 대거 등용하면서 혁신에 대한 시각에 큰 변화가 있었다는 점을 역사학자들은 지적한다. 유교주의자들은 농업만이 가치 있는 부의 축적 방법이라 여겨 상업 행위를 경멸했다.

하지만 보다 중요한 원인은 15세기 말부터 명나라가 경제 발전의 원동력인 국민의 기업가 정신을 말살하는 정책을 펴기 시작한 사실이다.

당시 국왕은 자식에게 왕권을 물려주는 과업을 국정의 제1목표로 삼았고, 이를 위해선 국민이 왕권에 도전해 반역을 꾀할 정도의 힘을 가지지 못하게 해야 했다. 상행위를 통해 부를 축적하고 이를 기초로 사병을 양성해 자신에게 반기를 드는 것을 사전에 차단하는 정책이 절실했다.

이를 위해 명나라는 모든 개인 기업 활동을 철저히 감시했고, 소금·철·차·술 등 당시 주요 산업을 모두 독점한다. 핵심 산업의 국유화를 통해 국민 개개인이 상업을 통해 부를 축적하는 것을 원천적으로 통제하겠다는 계산이었다.

특히 당시 기업가 정신을 발휘할 수 있는 최상의 무대였던 해외 무역 활동을 전면 금지하기 시작했다. 1500년에는 돛대가 2개 이상인 선박을 건조한 자는 사형에 처하는 법을 제정했고, 1525년에는 모든 원양 항해 선박을 폐기하고 선주를 체포하기 시작했다. 1551년에는 모든 해상 무역을 전면 금지하고, 해안 1킬로미터 내 거주를 금지하는 법안을 통과시켰다.

이렇듯 명나라가 핵심 산업 국유화, 해상 무역의 금지 등 기업가 정신을 말살하는 정책을 시행하면서 동서양 운명은 바뀌게 되었다. 명나라 왕실이 왕권 강화에 급급해하는 동안 세계의 중심이 중국에서 서구 유럽으로 옮겨 가게 된 것이다.

만약 중국이 이 시기 국민에게 상업의 자유를 주면서 자국의 막강한 기술력을 활용했더라면 중국에서 산업혁명이 일어났을 것이라고 역사학자들은 말한다. 즉 명나라 왕실이 왕권강화 대신 국부 극대화를 국정의 목표로 선택했더라면 서구 유럽이 아닌 명나라에서 산업혁명이 시작되었을 것이라는 말이다.

그랬더라면 명나라 인접국 중 가장 문화와 기술이 뛰어났던 한국은 아마도 유럽이나 일본보다 일찍 산업화를 시작했을 것이고, 일본의 식민지 침략을 받는 비극은 없었을지 모른다.

명나라의 몰락은 기술력 그 자체만으로 경제가 성장하는 것은 아님을 보여주는 매우 중요한 사례이다. 선박의 크기나 숫자보다 항해의 목적이 더 중요하다는 것이다.

콜럼버스와 그의 선원들은 팔자를 고쳐보려고 아무도 가본 적 없던 망망대해로 나갔다. 출항 전 콜럼버스는 자신이 발견한 새로운 항로로부터 향후 발생할 상업 이익의 10퍼센트를 받는다는 계약을 스페인 왕실과 체결했다고 한다. 자유가 주어졌고 강력한 동기가 있었기에 위험한 뱃길을 나선 것이다.

반면 명나라의 거대한 선박은 "다른 나라를 보고 배우기보다 자신을 과시하기 위해, 거래를 위해서가 아니라 복종과 조공을 받기 위해" 해외로 나간 것이라고 랜디스는 주장한다.

중국은 세계 최초로 나침반을 발명했지만 이를 해외 시장 개척에 활용하지 못했고, 수력방적기를 유럽보다 500년 먼저 개발했지만 이를 활용해 훌륭한 옷감을 만들어 외국에 팔 생각을 하지 못했다. 명나라 왕실이 상인의 자유를 박탈함으로써 돈을 벌려는 그들의 욕망을 말살했기 때문이다.

양초가 안 팔리니 햇살을 규제하라?

지금도 많은 지식인들은 자유가 주는 많은 혜택을 신뢰하지 않고 시장을 규제해야 한다고 믿는다.

한미FTA는 미국에 유리한 협정이기 때문에 미국으로부터의 수입은 규제해야 한다고 주장한다. 동남아 노동자의 입국은 국내 일자리를 빼앗는 것이라 생각하며, 대기업의 탐욕을 막기 위해서는 대형할인점의 영업시간을 제한하고 하청업체와의 이익 공유를 명문화해야 한다고 생각한다.

개인이나 조직 간 거래에서 약자가 강자보다 불리하므로 거래의 자유를 규제해야 한다는 논리다. 시장의 자율적 조정기능을 신뢰하지 않기 때문에 사기업의 활동을 신뢰하지 않는다.

그들은 민간기업보다는 정부가 나서서 일자리 창출이나 경제 성장 전략을 수립해야 한다고 생각한다. 금융기관이나 정유업체가 많은 이익을 내면 칭찬하기보다 독과점을 통해 소비자에게 과도한 가격을 책정했기 때문이라고 비난한다. 기회가 있을 때마다 남을 속여야 하는 직업인 상인보다는 정부 공무원, 의사, 변호사, 교수 같은 직업인을 더 존경스럽게 여긴다.

규제는 개인의 끝없는 탐욕을 통제할 수 있는 수단으로 여긴다. 하지만 규제는 강제적으로 자원을 배분하는 성격을 갖기 때문에 어떤 특정 집단의 이익을 보호하고 나머지 사람들에게는 손해를 입히는 경향이 있다. 관세, 수입쿼터 등을 통해 외국 농산물 수입을 제한하면 국내 농산물 생산업체의 복지는 상승하지만, 농산물 가격 상승으로 소비자 복지가 하락하고 외국의 보복관세로 수출 산업이 피해를 입는다.

19세기 중반 프랑스 경제학자 프레데릭 바스티아Frédéric Bastiat는 다양한 사례를 통해 규제의 해악을 설명했다. 아마도 '햇살 규제법'이 가장 널리 알려진 사례일 것이다.

프랑스 양초 제조업자들은 막강한 경쟁자로부터 자신을 보호해 달라고 프랑스 국회에 탄원서를 제출한다. 그런데 그들이 말하는 경쟁자는 다름 아닌 태양이다. 태양이라는, 무상으로 빛을 제공하는 경쟁자 때문에 프랑스 양초 산업이 어려움을 겪고 있으니 태양빛을 규제해달라는 요구였다. 햇살이 집으로 침투하지 못하도록 건물의 모든 창문을 막는 법을 통과시켜 달라고 요청한 것이다.

물론 햇살을 규제로 막아야 하는 그럴듯한 논리를 함께 내세웠다. 그들은 양초 제조업뿐 아니라 양초 원료인 동물성 수지, 식물성 기름, 수지를 함유한 나무, 고래 기름 생산업자의 성장을 기대할 수 있고, 이러한 원료 산업이 발전하면 결국 고기, 올리브, 작물 등 프랑스 모든 산업이 발전한다고 주장했다.

바스티아가 제시한 규제 해악의 또다른 예로 '역철도negative railroad'라 부르는 사례가 있다.

1840년대 초 프랑스와 스페인 간 무역을 활성화하기 위해 파리에서 마드리드까지 철도를 건설하자는 제안이 있었다. 바스티아는 철도 건설로 두 나라 간 수송 비용이 낮아지면 관련 수출입 제품의 가격이 떨어져 양국 소비자에게 이익이 된다고 주장했다.

그러나 프랑스 제조업자들은 스페인 생산물이 저렴하게 수입되면 자신에게 손해가 됨을 깨닫고 정부에 스페인의 수입품에 대한 관세를 올리도록 요구한 것이다.

바스티아는 철도 건설로 낮아진 자신의 경쟁력을 관세 인상으로 상쇄해 보려는 프랑스 생산업자를 신랄하게 비판한다. 그는 "국내 생산업체의 경쟁력이 인접 국가보다 낮아 수입 관세를 책정해야 하느니 차라리 두 국가를 연결하는 철도 시설을 파괴해 버리는 편이 낫다"라는 내용의 '역철도' 이론을 주장한다.

바스티아가 제시한 두 사례는 규제를 통한 자원 배분이 국가 경제 발전을 어떻게 저해하는지 명확히 보여준다. 규제는 항상 양초 제조업자나 프랑스 제조업자와 같이 규제를 원하는 소수 집단의 이익을 올려주는 대신 대다수 국민에게는 피해를 입힌다는 특징이 있다.

오히려 기업은 규제를 원한다?

최근 국내 통신, 기름 등 소비재 가격의 적정성에 대해 말들이 많다. 정부는 해당 기업이 독점적 이윤을 챙기기 때문이라고 주장하고, 관련업계는 막대한 시설 투자나 세금 때문에 소비자 가격이 오를 수밖에 없다고 맞선다. 소비자보호단체와 언론은 국내 소비재 가격이 다른 나라에 비해 턱없이 비싸다는 자료를 제시하며 정부의 입장을 일부 지지하는 형국이다.

원래 제품 및 서비스 가격은 기업이 마음대로 정할 수 있는 마케팅 도구 중 하나이다. 기업 간 경쟁만 보장된다면 정부가 사기업 제품 가격에 왈가왈부할 이유는 없다.

그러나 독과점처럼 기업 간 경쟁이 원활하지 않은 경우 소비자를 보호하기 위해 정부가 기업 의사결정에 개입하는 경우가 있다. 국내 통신산업이 그 대표적인 예다.

통신산업은 국민경제에서 차지하는 비중이 막대하고, 정부가 개입하지 않으면 독점으로 발전될 기술적 특성을 갖고 있다. 그래서 정부는 통신시장 독점의 부작용으로부터 소비자를 보호하기 위해 통신요금 규제, 단말기 보조금 제한, 해지위약금 대납 금지, 결합상품 제한 등 적극적인 규제 정책을 편다.

그러나 이러한 규제들이 오히려 기존 통신회사를 보호하기 위해 존재하는 것 같다. 우리나라 통신요금이 다른 선진국에 비해 상대적으로 높다는 사실이 그 증거이다. 정부의 보호 아래 우리나라 각 통신회사는 상호 경쟁을 최소화하였고, 그 결과 통신요금이 상승한 것이다.

소비자를 위해 설립된 정부 규제기관이 결국 규제 대상인 기업의 이익을 보호하는 정책을 펴게 되는 현상을 경제학에선 '규제포획 regulation capture'이라 부른다. 즉 소비자를 위한 규제가 결국 기업을 위한 규제로 바뀌는 현상이다.

복잡한 경제 이론을 거론하지 않더라도 정부 규제를 통해 기업 간 경쟁을 유도하는 일이 그리 쉽지 않은 이유를 간단히 설명할 수 있다.

규제를 하는 정부 관료와 규제 대상 기업 관계자는 관련 회의나 공청회에서 자주 만날 수밖에 없다. 노골적인 금품수수가 아니더라도 자주 어울리는 사람에게 큰 피해를 주는 정책을 펴는 것은 인간적으로 쉽지 않다. 반면 일면식도 없는 불특정 다수의 소비자를 보호하기란 말만큼 쉽지 않다.

미국 철도회사의 독점적 횡포로부터 국민을 보호하기 위해 1887년 설립된 주간통상위원회Interstate Commerce Commission라는 규제기관이 대표적인 예이다. 이후 항공기와 도로의 출현으로 철도산업의 독점적 지위가 사라져 더 이상 유지될 필요가 없어진 주간통상위원회는 자동차, 항공기 등 다른 수송수단으로부터 철도산업을 보호하기 위한 정부기관으로 변모되었다.

또한 주간통상위원회는 기존 트럭 회사들의 이익을 보호하기 위해 신규 업체의 시장 진입을 차단하는 역할을 수행하기도 했다. 즉 국민을 위한 주간통상위원회가 결국 기존 운송회사의 기득권을 보호하기 위한 정부기관으로 변질됐고, 그 결과 운송회사 간 경쟁이 약화되어 국민은 더 높은 운송비용을 지불하게 되었다는 것이다.

한국 사회처럼 한 다리만 건너면 서로 다 아는 좁은 사회에서는 규제포획 현상이 보다 쉽게 일어날 수 있다. 규제포획의 부작용을 근절할 수 있는 최선책은 민간 기업에 자유를 주는 것이다.

정부가 진정으로 소비자를 위한다면 기업인을 설득하고 회유하기보다 뒤편에 물러서서 감시하는 편이 좋다. 불공정경쟁 여부의 판단은 사실에 근거해 내려져야 하며 처벌 수위 역시 기업과의 협상 및 타협 과정을 거치지 말고 소신 있게 결정돼야 한다. 그 수위가 가혹해야 함은 물론이다.

정부가 개입하지 않아 어떤 산업이 독점으로 발전되더라도 크게 걱정할 필요 없다. 벤카타 라마나담Venkata Ramanadham에 따르면 독점적 공기업이 독점적 사기업보다 효율적이라는 어떤 학술적 증거도 없기 때문이다. 민간 기업 활동을 규제하는 정책은 그만큼 조심스럽게 접근해야 한다는 말이다.

사실 일부 독과점 산업은 정부 규제 때문에 독과점 산업으로 남아 있는 경우도 있다. 예컨대 항공산업은 지역적 독점 가능성이 높고 승객 안전이 중요하다는 이유로 대부분 나라들이 철저히 규제를 하는 산업이다. 1978년 미국이 항공산업 관련 규제를 과감히 철폐했을 때 많은 경제학자들은 결국 몇 개의 항공사가 항공산업을 지배하게 돼 항공요금이 상승할 것이라는 우려를 표명했다.

그러나 규제 철폐 이후 수많은 신생 항공사가 시장에 진입했고 그들의 치열한 경쟁 결과 항공요금은 지난 30년 동안 3분의 1 수준으로 낮아졌다. 이 기간 중 소비자가 절약한 항공요금 총액은 무려 100조 원이 넘는다고 한다.

자유주의를 부활시킨 프리드먼

밀턴 프리드먼은 케인즈와 함께 20세기 최고의 경제학자로 꼽히는 인물이다. 그는 케인즈 경제학과 복지국가관의 영향으로 정부의 역할이 점차 커지던 시대에 시장의 자율적 자원 배분을 강조하는 자유주의liberalism를 다시 부활시켰다.

스미스의 『국부론』과 프리드먼의 『자본주의와 자유』는 나의 경제관에 가장 큰 영향을 미쳤기 때문에 그들의 자유주의 사상이 이 책 여기저기에 녹아 있을 것이다.

프리드먼은 애덤 스미스 시대의 자유주의를 구성하는 핵심 사상들이 20세기 들어서 상당 부분 변질되었다고 주장한다. 원래 자유주의는 개인이 사회를 구성하는 궁극적 실체이다. 그들의 자유 획득은 국정 운영의 가장 중요한 목표였다. 당시 자유주의자들은 대내적으로 는 개인의 역할을 늘리고 국가의 역할을 줄이기 위해 자유방임을 주 장했고, 대외적으로는 자유무역을 지지했다.

그런데 유럽에서는 19세기 말부터, 그리고 미국에서는 1929년 대공 황 이후, 자유주의 사상에 큰 변화가 일어나기 시작했다. 국민 전체 의 복지를 위해 개개인의 자발적 노력보다 국가의 정책에 의존하려는 경향이 짙어졌고, 자유 대신 복지와 평등이 자유주의를 상징하는 사 상으로 변질되었다.

과거 자유주의자들은 개개인의 자유를 확산하면 경제가 성장하고 국민소득이 상승하기 때문에 자유야말로 복지와 평등 문제를 해결 하는 가장 효과적인 수단이라고 보았다.

그러나 새로운 자유주의자들은 복지와 평등이 자유의 전제조건 또는 그 대안이라고 생각했다. 이들은 복지와 평등을 위해 국가의 가 부장적 온정주의 정책들을 옹호했고, 그 결과 정부 예산은 점차 커져 갔다.

예를 들어 1956년 미국 정부의 지출은 국민소득의 26퍼센트 수준 이었고, 국방 부문 지출을 제외하면 국민소득의 12퍼센트 수준이었 다. 그러나 1982년 정부 지출은 국민소득의 39퍼센트, 특히 비국방 부문 지출은 31퍼센트로 수직 상승했다.

프리드먼이 자유주의 부활을 부르짖기 시작한 것은 1962년부터이 다. 하지만 세계 경제 운영 철학이 복지 지상주의와 케인즈식 정부 만능주의로부터 시장 중심의 자유경쟁 자본주의로 다시 돌아가기 시작한 것은 1980년대 초반부터이다.

영국에서는 마가릿 대처가 수상으로 당선되면서 규제 철폐, 공기업 민영화, 노동조합의 권한 약화 등 자유주의 정책을 폈다. 미국에서는 보수당의 로널드 레이건이 대통령으로 당선되면서 경제 성장을 위해 세금 감면, 규제 철폐, 정부 지출 축소 정책을 지지했다. 특히 프리드먼은 레이건 대통령의 경제 자문 역할로서 미국 경제의 자유주의 부활에 큰 공헌을 했다.

영국과 미국의 정책 변화로 시작된 자유주의의 부활은 다른 국가에도 영향을 주었다. 특히 1989년 베를린 장벽 붕괴와 1992년 소련의 몰락으로 자유로운 시장으로의 변화에 가속도가 붙었다. 19세기 말부터 전 유럽 국가로 확산되던 '사회 전체의 복지를 위해 개인의 경제적 자유를 제한할 필요가 있다'는 사회주의적 집산주의collectivism가 소련의 몰락으로 제동이 걸렸기 때문이다.

프리드먼은 소련의 몰락을 "경제를 운영하는 두 가지 방식, 즉 하향식과 상향식, 중앙집권적 계획 및 통제와 사적 시장, 사회주의와 자본주의를 놓고 70여 년 동안 벌인 실험에 종지부를 찍은 사건"이라 평가했다.

자유주의 사상의 확산은 개발도상국에 더 큰 영향을 미쳤다. 이전 경제학자들은 후진국 경제 성장을 위해 선진국들이 막대한 원조를 해줘야 하고 중앙 정부의 체계적인 경제 개발 계획이 필요하다고 생각했다. 제2차 세계대전 직후 미국이 서구 선진국에 제공한 경제원조인 마셜 플랜Marshall Plan이나 1950~60년대 우리나라에 주어진 미국 원조가 이런 부류의 경제학설에 기초한 것이었다.

그러나 선진국의 관대한 원조와 강력한 중앙집권적 정부에도 불구하고 많은 후진국의 경제 성장 노력은 수포로 돌아갔다. 반면 한국, 대만, 싱가포르는 시장지향적 정책을 채택함으로써 서구 선진국 수준의 부국으로 성장했으며, 중국 역시 1978년 말 시장을 개방한 이후 눈부신 성장을 거듭해 미국 버금가는 경제 대국으로 부상하였다.

이런 성공 사례들이 쌓이면서 후진국 경제 개발에 대한 경제학자들의 생각에 변화가 일어난다. 오랫동안 사회주의를 숭배했던 동유럽, 남미, 아시아, 아프리카의 많은 국가들조차 정부 개입을 최소화하고 시장 개방을 통한 경제 성장을 당연한 것으로 받아들이는 추세이다.

2008년 말 미국 금융시장에서 촉발된 서구 선진국의 경기 침체는 장기화될 조짐이다. 경기 불황이 닥칠 때마다 사람들은 그 원인은 개인의 탐욕 때문이고 이런 실수를 반복하지 않으려면 정부의 강력한 규제가 필요하다고 말한다. 1929년 미국 대공황으로 경제 운용의 축이 시장에서 정부로 옮겨갔던 것과 같이, 이번 경제불황의 결과 또한번 정부 주도의 경제 체제로 이동할지 궁금하다.

2008년 노벨 경제학상을 수상한 진보경제학자 폴 크루그먼은 시장 대신 정부가 경제 운용의 주체가 되어야 한다고 주장한다. 사람들 생각의 변화를 예측한다는 것은 위험한 일이지만, 이번 불황의 고통이 얼마나 오래 갈지가 그 변화의 방향을 결정할 것 같다.

우리는 지금까지 이 책의 성격상 자유주의의 경제적 측면만을 논의의 대상으로 삼았다. 그런데 경제적 자유와 정치적 자유의 관계에 대한 프리드먼의 시각은 잠시 논의할 가치가 있다. 중국 경제의 미래를 예측하는 데 일부 도움이 되기 때문이다.

프리드먼은 "자유인에게 국가란 구성원 개인들의 집합일 뿐, 개인 위에 군림할 수 없다"고 주장한다. 자유인은 정부조차 수단이나 도구로 여긴다. 즉 정부를 세운 것은 자신의 자유를 보호하기 위함이었다. 그러므로 자신의 자유를 속박하는 정부 또는 자신의 목표와 부합되지 않는 어떤 국가적 목표도 인정하지 않는다.

자유인에게 경제적 자유(자본주의)와 정치적 자유(민주주의)는 밀접하게 연결되어 있다. 자본주의와 민주주의는 서로 상승 작용을 한다는 것이다. 프리드먼은 "정치적 자유는 부여하면서 경제적 자유를 보장하지 않는 사회는 인류 역사에서 그 실례를 찾을 수 없다"고 주장한다.

반대로 경제적 자유는 보장하면서 정치적 자유는 제한하는 경우는 존재한다. 중국이 대표적인 예다. 그러나 이 경우도 19~20세기 서구 민주주의 발전에 경쟁적 자본주의가 크나큰 역할을 했던 점을 간과하지 말아야 한다고 프리드먼은 말한다.

경제적 자유는 경제적 권력을 정치적 권력으로부터 분리시켜 권력의 분산을 촉진했다는 점에서 민주주의 발전에 기여했다. 예컨대 국민의 사유재산권을 보장하면서 절대 권력을 가진 국왕이라도 개인의 재산을 함부로 몰수할 수 없게 된 것이다.

이런 점에서 중국의 사회주의적 정치체제와 자본주의적 경제체제는 장기적으로 지속되기 어려운 조합이다. 중국 경제가 현재보다 더 성장하게 된다면 중국 정부는 사회주의적 정치체제를 포기하든지, 아니면 현 정치체제하에서 더 이상의 경제 발전을 포기하든지 둘 중 하나의 대안을 선택해야 할지도 모른다.

자유로운 기업만이 살아남는다

자유는 혁신의 필요조건이다. 영국의 산업혁명은 중산층이 혁신에 매진할 수 있도록 자유를 부여함으로써 시작됐다. 1862년 영국 정부는 주식회사법을 제정해 상행위의 핵심 조직인 회사 설립의 자유를 보장했다.

이전에는 국회 동의를 얻어야 회사 설립이 가능했으나, 주식회사법 제정과 함께 최소한의 요건만 갖추면 누구든 주식회사를 설립해 유한책임의 주주를 모집하고 주식을 일반인에게 매각함으로써 소유와 경영을 분리시킬 수 있는 기반을 마련하게 된 것이다.

주식회사법은 상인들이 혁신을 보다 큰 규모로 체계적으로 이루어낼 수 있는 도구의 발명이라는 점에서 중요한 의미가 있다. 20세기 초 미국을 대표하는 교육자이자 정치인이었던 니콜라스 버틀러^{Nicholas Butler}는 "기업은 현대 사회가 만들어낸 가장 위대한 발명품"이라고 칭송했는데 나는 이에 100퍼센트 동의한다.

주식회사법 제정으로 현대적 기업이 출현한 이후, 기업이 국가를 능가하는 조직으로 성장하는 데 150년이 걸리지 않았다.

《포춘》이 2011년 발표한 세계 500대 기업 순위 자료에 의하면, 세계 1위 기업인 월마트는 약 450조 원에 달하는 매출 실적을 기록했고, 대한민국 1위 기업인 삼성전자는 약 140조 원의 매출을 달성해 세계 22위를 차지했다.

기업과 국가의 규모를 단순 비교하기는 어렵지만, 월마트의 매출규모는 국민총생산[GDP] 순위 세계 28위인 오스트리아와 비슷한 규모이고, 삼성전자의 매출규모는 세계 57위인 베트남과 비슷하다. 바야흐로 기업이 국가를 능가하는 시대가 도래한 것이다.

대부분 경영학자들은 단일 기업의 규모가 무한정 커질 것이라 생각하지 않는다. 조직은 커지면서 관료화되어 혁신하기 어려워지기 때문이다. 조직이 커지면 공식화된 규율이 많아지는데, 이 규율이 곧 종업원의 자유를 속박하게 되어 혁신이 사라지게 되는 것이다. 이런 현상은 조직 생리인 것 같다.

대형화에 따른 비효율성 문제를 인식한 선진 대기업들은 1980년대부터 이미 핵심 사업부만을 사내에 남기고 나머지 부수적 기능은 외부에 위탁하는 등 조직 규모를 축소해오고 있다.

니틴 노리아[Nitin Nohria], 데이비스 다이어[Davis Dyer], 프레더릭 댈즐[Frederick Dalzell]의 공동연구에 따르면, 1974년 미국 100대 제조업이 미국 국내 총생산의 35.8퍼센트를 차지했지만 1998년에는 17.3퍼센트로 대폭 축소되었다고 한다. 그리고 이런 추세는 앞으로 더욱 가속화될 것으로 예상된다.

3장에서 혁신적 자본주의 시대에 필요한 인재상과 관리적 자본주의 시대에 필요한 인재상이 다르다고 주장했다.

관리자나 행정가는 반복적인 프로세스의 효율성을 관리하고 감독하는 일을 수행하기 때문에 꼼꼼하고 팀 플레이를 원만히 할 수 있는 사람이 적절하다. 즉 관리자는 과거 환경에 큰 변화가 없으리란 가정하에서 예측 가능한 과업을 수행한다. 이들에겐 '효율성' '절약' '최적화' '계획' 같은 단어가 중요하다.

반면 혁신가는 아직 아무도 해보지 못한 도전적인 과업을 수행해야 하기 때문에 총명하고 위험을 두려워하지 않고 변화를 즐기는 사람이 적절하다. '아이디어' '도전' '불확실성' '변화' '기회' 같은 단어가 이들에겐 어울린다.

혁신에 대한 자유의 역할은 국가나 기업에 동일하게 적용된다. 국가의 경제 성장이나 기업의 성장에 적용되는 원리는 동일하다는 것이다. 국민들 모두가 혁신에 매진하길 원한다면 국가는 국민에게 자유를 허락해야 하듯이 종업원 모두가 혁신을 수행하도록 하려면 기업은 그들에게 자유를 줘야 한다.

출근 시간을 잘 지키는지, 업무 시간에 주식투자 등 딴짓은 하지 않는지, 회식 자리에는 빠지지 않고 나오는지, 회사 비품을 개인 용도로 사용하지는 않는지 등 꼼꼼히 관리하면 회사 비용을 일부 줄일 수 있고 업무 효율성을 조금 올릴 수는 있을 것이다.

하지만 회사가 이런 세세한 것들까지 관리, 감독하기 시작하면 종업원은 창의적인 아이디어를 내지 않을 것이고 혁신적인 도전의 위험을 지려하지 않을 것이다.

1980년대 이후 전 세계적으로 미래 환경의 불확실성이 높아지면서 혁신적 자본주의가 도래했음은 이미 언급한 바와 같다. 프리드리히 하이에크는 "우리가 잘 모르는 분야일수록 자유가 더 중요하다"고 주장했다. 혁신이 필요한 분야는 어느 누구도 그 방향을 예측할 수 없는, 우리의 기존 지식의 범위를 벗어나는 분야이므로 개인의 자유의지에 맡기는 편이 좋다는 말이다.

첨단 지식 분야에선 발명가 자신조차 자신의 발명품이 미래 어떻게 발전해 나갈지 예측하지 못하는 경우가 많다. 몇 가지 사례를 들면, 문자 메시지는 원래 전화 회사가 내부 소통의 용도로 사용한 것이었지만 최근에는 전 국민이 열광하는 소통 수단으로 발전했다.

벨 연구소는 레이저를 발명해놓고 그 용도를 찾지 못해 특허조차 취득하지 않으려 했다. 에디슨은 자신이 발명한 축음기가 주로 시각장애자의 독서나 속기사 없이 받아쓰기 하는 용도로 사용될 것으로 생각했고, 비행기를 발명한 라이트 형제 중 동생 오빌 라이트Orville Wright는 비행기가 주로 스포츠용으로 사용될 것이라 생각했다.

최근 구글은 '20퍼센트 시간'이란 정책을 발표해 경영학자의 관심을 끌고 있다. 구글 프로그래머들이 자신의 업무 시간의 20퍼센트를 자신이 원하는 일에 할애할 수 있도록 허용한 제도이다. 발라 아이어Bala Iyer와 토머스 대븐포트Thomas Davenport는 구글의 혁신성은 '20퍼센트 시간 정책'의 직접적인 결과라고 극찬한다.

한 경영학자는 구글의 정책이 종업원에게 무조건적 자유를 준 것은 아니라고 주장한다. 종업원은 회사가 그에게 20퍼센트 자유를 준 대가로 그 자유를 회사를 위해 적절히 사용할 의무가 있다고 생각한 다는 것이다.

사실 구글의 창의성 유발 정책은 3M의 정책을 모방한 것이다. 1948년 3M은 종업원의 혁신 잠재력을 일깨우기 위해 '15퍼센트 시간'이란 회 사 방침을 발표했다. 종업원들이 일과 업무 시간 중 15퍼센트를 자신 이 제안한 아이디어에 할애하도록 한 제도였다. 접착식 메모지 포스 트잇 같은 창의적 제품들이 이 제도를 통해 개발된 제품이다.

구글이나 3M의 정책은 혁신적 자본주의 시대에 적절한 종업원 관 리 방법이라고 생각한다. 1980년대 전까지는 포드의 조립라인이나 프 레더릭 테일러Frederic Taylor의 과학적 관리법으로 대표되는 권위적 통제 시스템의 시대였다. 그러나 혁신적 자본주의 시대의 기업은 종업원 개인의 자유를 중시해 보다 참여적이고 민주적인 종업원 관리를 해 야 한다. 따라서 보다 수평적인 조직 형태와 비공식적인 네트워크가 바람직하다는 것이다.

상사가 발언 시간의 대부분을 사용하고, 매일 같은 종류의 일을 하 느라 근무시간이 지루하고, 조직문화 때문에 틀에 벗어난 행동을 할 수 없는 기업은 혁신적 자본주의 시대에 결국 적응하지 못하고 퇴출 되리라 확신한다.

권위적 시대의 기업에서 종업원은 기계 부품이었다. 기계는 소유주 가 시키는 일만 하면 되었다. 개성을 발휘하면 고장으로 취급돼 다른 부품으로 교체당했다. 영화 〈모던 타임즈〉에서 하루 종일 컨베이어 벨트에서 나사못을 조이던 찰리 채플린의 모습을 상상하면 된다. 컨베이어 벨트의 발명자 헨리 포드는 생각하는 종업원보다 '소같이 우직한' 종업원을 선호했다.

그러나 혁신적 자본주의 시대에서 기업은 일종의 사회 시스템이다. 혁신적 자본주의 시대의 종업원은 두뇌와 마음을 지닌 사회 시스템의 구성원이다. 이들에게서 혁신의 기적을 기대한다면 이들에게 자유를 주어야 한다.

경제자유도 지수와 기업하기 좋은 나라

'자유로운' 제도를 경제 성장의 원동력이라 여기는 경제학자들은 제도의 질을 계량적으로 측정할 수 있는 척도를 개발해 제도의 중요성을 실증적으로 검증하는 연구를 한다.

대표적인 척도로 제임스 과트니James Gwartney와 로버트 로슨Robert Lawson이 개발한 '세계 경제자유도 지수EFW, Economic Freedom of the World index'가 있다.

그들은 경제적 자유를 구성하는 네 개의 초석으로 사유재산권, 선택의 자유, 자발적 교환, 자유로운 시장진입을 들고, 각 국가의 제도나 정책이 이 네 요소에 얼마나 부합되는지 평가해 국가별 경제자유도 지수를 산출한다. 점수가 높을수록 기업하기 좋은 나라 또는 자유경쟁시장에 가까운 나라라 보면 된다.

순위	국가	순위	국가
1	홍콩	14	영국
2	싱가포르	15	네덜란드
3	호주	18	대만
4	뉴질랜드	22	일본
5	스위스	31	한국
6	캐나다	99	브라질
7	칠레	123	인도
8	모리셔스	138	중국
9	아일랜드	144	러시아
10	미국	179	북한

출처: Heritage Foundation (2012), Index of Economic Freedom

표 7 경제자유도 지수 국가 순위

유사한 척도로 헤리티지 재단이 매년 발표하는 국가별 '경제자유도 지수Index of Economic Freedom'가 있다. 이 척도는 재단의 영향력 때문인지 언론을 통해 일반인들에게 널리 알려져 있다. 2012년에 179개 국가에 대한 지수를 발표했는데 표 7이 그 결과의 일부이다.

표 7의 국가별 경제자유도 지수 순위를 보면 대부분의 상위권 국가가 선진국에 속한다는 사실을 확인할 수 있다. 그중 다소 알려지지 않은 국가로 8위의 모리셔스가 있다. 이 국가는 아프리카 마다가스카르 동쪽에 위치한 작은 섬나라로 아프리카에서 제일 잘산다. 매우 시장 친화적인 경제 정책을 표방한 결과, 2011년 실질 일인당 국민소득이 1만5천 달러에 달해 다른 아프리카 국가들의 부러움을 사고 있다.

칠레 역시 선진국은 아니지만, 실질 일인당 국민소득이 1만7천 달러 수준으로 남미에서 가장 잘사는 나라 중 하나이다. 1980년대 이후 공기업 민영화, 외국인 직접투자 활성화 정책 등 적극적인 시장 친화적인 정책을 채택해 꾸준히 경제 성장을 하고 있다.

2000년대를 전후해 신흥경제대국으로 주목받고 있는 '브릭스BRICS', 즉 브라질, 인도, 중국, 러시아 모두 경제자유도 지수에 있어서는 아직 하위권에 머물러 있다는 점도 흥미롭다. 향후 이들 네 국가의 경제자유도 변화와 일인당 국민소득 변화 추이를 관찰하는 것도 경제 성장에 있어 자유의 중요성을 검증하는 데 중요한 사례가 될 것이다.

한편 북한은 헤리티지 재단 조사 대상 179개 국가 중 최하위의 경제자유도 지수를 기록해 세계에서 가장 기업하기 어려운 나라라는 불명예를 떠안았다.

우리나라의 순위는 세계 31위로 기업하기에 비교적 자유로운 국가로 평가되었다. 그러나 아시아의 경쟁국인 홍콩, 싱가포르, 대만, 일본에는 다소 미치지 못하는 수준이다.

한국이 자유의 어떤 측면 때문에 이들 국가들보다 열등한지 좀더 구체적으로 알 필요가 있다. 헤리티지 재단의 경제자유도 지수는 사유재산권의 보장, 반부패 정도, 국민총생산 대비 정부지출 비중, 재정정책 및 세율, 기업 활동의 자유, 노동시장의 유연성, 통화 정책의 자유, 무역의 자유, 투자의 자유, 금융의 자유 등 총 10개 부문의 점수를 합산해 산출된다.

표 8은 한국이 각 부문별로 얻은 점수와 세계 평균 점수를 비교하

구성요소(대)	구성요소(소)	한국 점수	세계 평균
법의 지배	사유재산권	70.0	42.4
	반(反)부패	54.0	39.3
정부의 역할	정부지출	67.2	58.1
	재정/세제의 자유	72.8	74.8
규제 효율성	기업의 자유	93.6	62.9
	노동 유연성	49.7	59.8
	통화정책의 자유	78.9	72.4
시장 개방성	무역의 자유	72.6	72.5
	투자의 자유	70.0	49.3
	금융의 자유	70.0	47.3

출처: Heritage Foundation (2012), Index of Economic Freedom

표 8 한국의 경제자유도 지수 구성 요소

고 있다. 한국은 사유재산권의 보장, 반부패 정도, 국민총생산 대비 정부지출 비중, 기업 활동의 자유, 투자의 자유, 금융의 자유 총 6개 부문에선 세계 평균에 비해 월등히 양호한 수준이고, 무역의 자유, 통화정책의 자유, 재정 정책 및 세율의 3개 부문에서 다른 국가들과 크게 뒤지지 않는 수준이다.

그러나 노동시장의 유연성은 세계 100위권 밖으로, 이는 한국이 향후 경제자유도 지수를 올리려면 노동시장의 유연성을 확보하는 일이 가장 중요한 과업임을 보여준다.

제도 경제학자들은 위에서 언급한 척도를 기초로 자유와 경제적 성과의 관계를 규명하는 실증 연구를 한다. 로버트 로슨의 연구를 간단히 요약하면, 경제자유도 지수가 올라갈수록 실질 일인당 국민소득, 명목 일인당 국민소득, 기업가 정신, 평균수명, 청렴도 등 긍정적인 경제적 지표가 올라간다고 한다. 국민에게 자유를 주면 혁신하려는 의지가 상승하고 그 결과 경제는 성장한다는 결론이다.

로슨은 경제자유도 지수와 소득 불평등과는 아무 관련이 없다고 주장한다. 많은 자유를 주면 줄수록 능력 있는 사람과 그렇지 못한 사람의 성과가 점차 벌어지기 때문에 양극화 현상이 나타날 수밖에 없다는 진보 경제학자들의 예상과는 다른 결론이다.

경제 성장의 결과 소득이 상승한 선진국들이 정부의 복지 정책이나 부자의 자발적 자선 행위를 통해 소득을 재분배하는 노력을 했기 때문인 것으로 추정된다.

규제를 줄여야 부패가 줄어든다

이 장을 마치며 《매일경제》에 기고한 '국가 청렴도 높이려면'이라는 칼럼을 소개한다. 부패를 줄이려면 오히려 규제를 없애야 한다는 제도 경제학자의 주장을 강조하는 글이다.

재미교포 사회에서는 '미국은 재미없는 천국, 한국은 재미있는 지옥'이란 표현이 자주 쓰인다.

오래전부터 전해 내려오는 이 말은 미국과 한국 생활의 차이를 참으로

절묘하게 비교한 표현이란 생각이 든다.

미국은 천국과 같이 물자가 넉넉해 여유로운 생활을 영위할 수 있지만, 사회 제반 여건이 너무 안정돼 생활이 단조롭고 재미없는 나라라는 뜻일 게다. 반면 살인적인 생존경쟁으로 아등바등 살아야 하는 한국은 지옥과 같지만 사회가 역동적이고 변화무쌍하기 때문에 삶이 재미있다는 것으로 이해할 수 있다.

필자는 일반적으로 알려진 '한국은 재미있는 지옥'의 의미를 다소 다르게 해석해 보려 한다.

한국에는 크게 두 부류의 사람이 살고 있다. 대한민국의 재미를 만끽하고 사는 사람과 지옥의 고통을 짊어지고 사는 사람이다.

그런데 재미있게 사는 사람은 보통 '악인惡人'이고 고통스럽게 사는 사람은 '선인善人'인 것 같다. 우리 사회에는 불법과 부패가 만연돼 있기 때문이다.

법과 질서가 잘 지켜지지 않는 사회에서는 악인들이 경쟁 우위를 갖는다. 악인은 거침없이 불법을 자행해 막강한 권력과 부를 축적할 수 있으니 대한민국 삶이 당연히 재미있을 것이다. 불법 사실이 발각될 가능성도 적고, 설사 발각되더라도 경미한 처벌로 사태를 마무리할 수 있는 인적 네트워크를 확보하고 있으니 거칠 게 없다.

반대로 고지식한 법치주의자나 새가슴이라 불법을 자행할 용기조차 없는 사람은 승승장구하는 악인들을 옆에서 지켜보자니 삶이 지옥과 같을 것이다.

국제투명성기구가 최근 발표한 청렴도 순위에 따르면 대한민국은 세계 179개국 중 43위를 기록했다.

국가 청렴도는 일인당 국민소득과 밀접한 상관관계에 있음을 고려하면, 우리의 부패 수준은 심각하다고 할 수 있다. 예컨대 경제협력개발기구 30개국 중 대한민국은 그리스, 터키, 멕시코, 폴란드와 함께 청렴도 최하위 그룹을 형성하고 있다.

사회과학자들이 국가청렴도에 관심을 갖는 이유는 단순히 도덕적인 사회를 건설하자는 이상론 때문만은 아니다. 부패는 국가 경제와 정치 발전에 지대한 나쁜 영향을 미치기 때문이다.

부패한 사회에서는 정직하면 손해를 입게 돼 사회 구성원이 서로를 신뢰하지 않는다. 부패로 인한 막대한 사회적 비용 때문에 경제 발전이 저해되고 정치적 불안정성이 증대된다는 것이다.

예컨대 아프리카 대륙이 빈곤에 허덕이는 가장 중요한 이유는 연간 150조 원의 부패 비용 때문이다. 이는 연간 총 아프리카 GDP의 25퍼센트를 넘는 금액이다.

한 국가의 부패 수준은 그 나라의 문화와 역사에 의해 결정되기 때문에 이를 하루 아침에 바꾸기란 쉽지 않다. 그렇다고 한국 문화와 역사가 바뀔 때까지 마냥 기다릴 수는 없다. 필자는 비교적 짧은 시일 내에 우리의 청렴도를 개선할 두 가지 방법을 제시하고자 한다.

첫째, 규제를 최소화해야 한다.

부패한 나라일수록 부패 방지를 위한 법규를 많이 제정하는 경향이 있다. 하지만 법규가 많으면 법 이행 여부를 감독하기 어렵고, 법 감독 및 집행 기관의 힘이 막강해진다. 감독기관은 되도록 많은 규제를 만들어 마음에 드는 사람은 봐주고 마음에 들지 않는 사람에게는 벌을 주는 악순환이 반복될 수 있다는 얘기다.

이런 사회에서 출세하려면 남들은 법규를 철저히 지키도록 하고 자신은 악인이 되는 것이다. 이들 악인에게 필요한 역량은 불법을 자행할 용기와 특혜용 인적 네트워크다.

둘째, 법과 규정은 일단 제정되면 언제 어디서나 공정하고 공평하게 적용돼야 한다.

우리 국민은 법 준수 여부를 감독·집행하는 기관 자체를 신뢰하지 않는다. 심지어 이들을 권력의 하수인 정도로 취급하는 국민이 많다. 이런 국민의 불신을 뒷받침하는 통계도 많다. 반면 미국은 다르다. 미국 법정이 회계부정 사태를 빚은 월드컴의 CEO 에버스와 엔론의 CEO 스킬링에게 각각 25년 형과 24년 4개월 형을 선고한 점은 우리에게 귀감이 된다.

이명박 대통령 당선인은 신년사에서 "2008년을 대한민국 선진화의 원년으로 삼고, 대한민국 선진화의 시작을 법과 질서를 지키는 것에서 시작하자"고 했다. 소득 3만 달러의 대한민국을 건설하는 데 최대 걸림돌이 무엇인지 정확히 지적한 것 같다.

당선인의 말대로 대통령, 기업, 노동자 모두에게 공정히 법과 규정이 적용되도록 우리 모두가 두 눈 크게 뜨고 감시해야 할 것이다. 이 땅의 악인들이 대한민국을 재미없는 나라로 여기는 순간 대한민국은 더 이상 '재미있는 지옥'이 아니라 '재미있는 천국'이라 불리게 될 것이다.

5장

보상,
혁신을 하는 이유

······ 미래 한국을 이끌 재능 있는 사업가들은 사업 그 자체가 주는 매력을 중요한 사업 동기로 삼아야 한다. 스티브 잡스처럼 꿈을 꾸는 사업가가 한국에서 많이 나와야 한다.

2000년 미국 클레이 수학연구소는 '수학의 7대 난제'를 정하고 문제를 해결하는 사람에게 문제당 100만 달러의 상금을 수여하겠다고 발표했다.

'푸앙카레의 추측Poincaré conjecture'이라 알려져 있는 위상기하학topology 분야의 난제가 이중 하나이다. 1904년 프랑스의 이론물리학자이자 수학자인 앙리 푸앙카레Henri Poincaré가 제기한 문제로, 우주의 모양을 짐작할 수 있는 실마리를 제공하는 중요한 가설이다.

지난 100년 동안 수많은 천재 수학자들이 이 문제를 풀기 위해 노력했지만 해결하지 못한 난제였다.

2002년 영원히 풀 수 없을 것만 같았던 이 문제를 러시아의 젊은 수학자 그리고리 페렐만Grigori Perelman이 단 3페이지로 증명해 세계 수학계가 발칵 뒤집혔다.

그 증명 방법이 너무 창의적이라 세계 저명한 수학자들이 그의 증명을 검증하는 데만 2년이 소요되었다고 한다. 2006년 《사이언스 저널》은 그의 증명을 "그해 최고의 과학적 발견"이라고 극찬했다.

그의 증명이 진실임이 밝혀진 이후, 미국의 유명 대학들은 앞다퉈 그에게 교수직을 제안했고, 클레이 수학연구소는 약속한 100만 달러의 상금을 수여하려 했으나, 페럴만은 이 모든 것들을 한마디로 거절했다.

2006년 국제수학자연맹은 그에게 수학의 노벨상에 해당하는 필드메달을 수여했지만 그는 시상식장에도 나타나지 않았다. 그는 "난 돈이나 명예 따위엔 관심이 없다. 난 동물원의 동물처럼 진열되기 싫다"고 필드메달 거절 사유를 밝혔다.

현재 그는 외부와의 연락을 끊고 러시아의 낡은 아파트에서 칩거 중이라고 한다. 그의 이런 기행에 대해 말들이 많다. 푸앙카레의 추측을 증명한 후 갑자기 유명해지자 사람들이 자신에게 지나친 관심을 보이는 것이 부담스러워 잠적했다는 설부터 과거 많은 동료 수학자들로부터 왕따 취급을 받아왔기 때문에 정치적인 세계 수학계에 비판적이라는 설까지, 그가 돈과 명예를 거절한 이유에 대해 온갖 추측이 난무한다.

인류에 위대한 업적을 남긴 사람에게 "무엇을 위해 그런 업적을 이뤄냈느냐"고 묻는 것 자체가 결례일지 모르지만 최근 그를 취재한 한 기자에게 페럴만은 이렇게 답했다고 한다.

"난 오래전부터 아무도 풀지 못한 문제를 풀고 싶었다. 나의 증명이 올바른 것으로 판명됐으면 그것으로 족하다. 더 이상 다른 인정 따윈 필요 없다. 난 내가 원하는 모든 것을 이미 가졌다."

스티브 잡스가 마지막 날까지
새로운 제품에 매달렸던 힘

혁신가는 부가가치를 창출한 대가로 사회로부터 보상을 받는다. 1996년 스티브 잡스는 애플로 복귀한 이후 아이팟, 아이폰, 아이패드 같은 혁신적 제품을 잇따라 출시하며 시장가치로 약 3조 원에 그쳤던 애플을 2012년 세계에서 가장 시장가치가 높은 회사(약 600조 원)로 성장시켰다.

잡스는 그 대가로 천문학적인 부를 축적할 수 있었을 뿐만 아니라 열광적인 애플 마니아로부터의 존경을 한껏 받을 수 있었다. 나를 포함한 많은 경영학자들이 잡스를 20세기 최고의 혁신적 경영자로 손꼽을 것이라 확신한다.

잡스는 2011년 10월 5일, 56세라는 젊은 나이에 췌장암으로 세상을 떠났다. 그는 죽는 그날까지 밤잠을 설쳐가며 애플의 미래 혁신 제품에 대해 고심했다고 한다. 잡스가 보여준 혁신에 대한 열정을 어떻게 설명할 수 있을까?

그는 이미 오래전 자신이 원하는 이상의 부와 명성을 성취했을 것이다. 아무도 해결하지 못한 문제를 풀고 싶어 푸앙카레의 추측에 매달렸던 페럴만처럼 잡스 역시 그저 세상을 바꿔놓을 혁신적 제품을 출시하는 것 자체에 열정을 품은 것은 아니었을까 추측해본다. 1세기에 1명 나올 만한 천재들은 그 혁신 동기 역시 평범하지 않다.

혁신에 대한 보상(동기)은 크게 물질적 보상과 정신적 보상으로 나눠볼 수 있다. 물질적 보상은 말 그대로 현금이나 주식 같은 금전적 보상이다. 반면 정신적 보상은 다른 사람으로부터의 존경, 자신이 의미 있는 일을 열심히 하고 있다는 자존감, 새로운 것에 도전한다는 희열, 아무도 해내지 못한 것을 이뤘다는 성취감 등 계량적으로 측정하기 어려운 보상이다.

혁신가의 동기와 관련된 기존 경제학과 경영학 연구는 주로 창업 동기에 집중돼 있다. 물론 모든 창업자가 혁신가인 것은 아니고, 과학이나 예술 분야의 혁신과 상업 분야 혁신은 다른 점이 있다. 여기서는 상업 혁신, 즉 창업 또는 사업 동기에 대해 간단히 살펴보기로 한다.

창업 연구 전문가 스콧 셰인Scott Shane에 따르면, 창업을 하는 이유는 사람에 따라 다르다. 돈, 창업의 짜릿함, 가족 부양, 유명세 등 다양한 사업 동기가 있다는 것이다.

하지만 셰인은 다른 사람을 위해 일하기 싫어 창업한 사람이 가장 많다고 주장한다. 즉 금전적인 이유보다 명예, 도전의식, 독립심 등 정신적 보상이 보다 중요한 창업 이유란 것이다.

사업 동기는 시대에 따라 변하기도 한다. 예컨대 일제 식민지 시절 사업하던 기업인은 일본의 거대 기업에 저항하기 위한 민족주의가 중요한 사업 동기였다면 해방 후에는 가난을 벗어나기 위한 창업이 많았다.

박정희 대통령 시절 고도 성장기에는 '창업보국創業報國'또는 '사업보국事業報國'을 사업 동기로 내세운 기업인이 많았다면, 1990년대 말 인터넷 벤처 열풍이 불던 때는 새로운 사업 기회에 도전하기 위한 창업자가 많았다.

보상이 혁신에 동기를 부여한다는 사실은 그 혁신이 상업적 혁신이든 과학적 또는 예술적 혁신이든 매한가지다. 하지만 상업 혁신이 다른 분야의 혁신과 다른 점은 혁신의 대가로 받는 보상에서 물질적 보상의 비중이 상대적으로 크다는 점일 것이다. 이 특징이 바로 상업 혁신의 딜레마이다.

이미 많은 물질적 보상을 받은 혁신가들은 존경받지 못한다. 혁신의 동기가 오직 축재에 그치는 것이라 생각되면 분야에 관계없이 혐오의 대상이 된다. 동서양을 막론하고 상업에 대해 우리가 부정적 시각을 가졌던 이유는 상행위가 사회에 부가가치를 창출하지 않아서가 아니라 상인이 그 부가가치의 대부분을 자신의 몫으로 가져간다고 생각했기 때문이다.

'욕구단계설' '2요인 이론'…… 대표적 동기부여 이론들

최근 한 대기업 사장으로부터 들은 일화다. 신입사원들을 모아놓고 일장훈시를 하는데 한 신입사원이 당돌하게도 "삶과 일의 균형은 어떻게 맞춰야 하는가"라는 질문을 했다고 한다. 신입사원 시절부터 지금까지 인생 전부를 회사에 바쳐온 사장은 충격에 휩싸여 답변을 얼버무리고 말았다고 한다.

"회사에 입사한 지 얼마 되지도 않은 신입사원이 감히 일과 삶을 따로 여기는 무례와 대범함"을 보이다니 이해할 수 없었던 것이다.

직장을 삶의 전부라 생각하는 사람이 있는가 하면 직장은 생계 수단일 뿐 행복은 가족과 지역 사회에서 찾아야 하는 것이라 생각하는 사람도 있다. 한 졸업생은 일주일에 100시간을 일해야 하는 컨설팅 회사에 취직하려 하고, 다른 학생은 연봉은 조금 낮아도 적절한 근무 시간과 종신고용을 보장하는 공기업에 취업하려 한다.

동기부여^{motivation} 이론은 앞 사례의 사장과 신입사원의 의견 차 같은 현상을 설명하기 위해 개발된 이론이다. 즉 개인이 가정, 학교, 직장에서 목표 지향적인 행동을 왜 하는지를 설명하고 예측하는 이론으로, 심리학, 경영학 등 다양한 학문 분야에서 반세기 이상 연구된 주제이다.

가장 널리 알려진 동기부여 이론은 에이브러햄 매슬로의 '욕구단계설^{needs hierarchy theory}'이다.

매슬로는 먼저 인간의 욕구를 ①의식주 같은 생리적 욕구, ②안전 욕구, ③소속 및 애정 욕구, ④존경 욕구, ⑤자아실현 욕구 5단계로 구분하고 욕구 충족에는 순위가 있다고 주장한다. 그리고 각 단계의 욕구가 충족되면 그 이전 단계의 욕구는 더 이상 동기부여의 역할을 수행하지 못한다고 주장한다.

매슬로의 이론은 인간의 욕구를 체계적으로 설명한 최초의 이론이란 점에서 의미가 있다. 하지만 이후 학자들은 그의 이론을 여러 측면에서 비판한다. 한 가지 이상의 욕구를 동시에 충족하고자 하는 경우도 있으며, 욕구는 상황에 따라 계속 변하기 때문에 욕구에는 순서 자체가 존재하지 않는다고 반박한다.

매해 수백억 원의 돈을 벌면서도 더 많은 돈을 벌기 위해 사업에 매진하는 사람이 있는가 하면, 큰 부를 축적하지 못했지만 누구보다 자선 활동에 적극적인 사람이 있는 것을 보면 욕구 충족에 순서가 있다는 매슬로의 이론은 잘 들어맞지 않는 것 같다.

다른 예로 많은 대기업의 입사 권유를 모두 뿌리치고 벤처기업을 창업해 몇 해 동안 컵라면으로 세 끼를 때우며 골방에서 프로그램과 씨름하는 청년의 욕구를 매슬로는 설명할 수 없다.

매슬로와 함께 동기부여 연구에 가장 큰 영향을 미친 심리학자는 프레더릭 허즈버그이다. 그는 인간의 욕구에는 불만족 해소 차원과 만족 증대 차원이라는 두 개의 차원이 따로 존재한다는 '2요인 이론two factor theory'을 주장한다.

종업원이 직무에 만족을 느끼는 못하는 이유는 임금, 작업 조건, 지위, 회사 정책 등 주로 담당하고 있는 직무의 상황context과 관련이 있다고 한다. 반면, 만족을 느끼게 하는 것은 성취감, 도전감, 다른 사람의 존경 등 직무의 내용content과 관련이 있다는 것이다.

다시 말해, 임금이 올라간다고 직무 만족도가 올라가는 것은 아니라는 것이다. 만족감을 주려면 직무 자체로부터 얻어지는 내재적 보상에 초점을 맞춰야 한다는 것이다.

허즈버그의 이론 역시 비판의 여지가 많지만 동기부여의 내재적 측면을 강조했다는 점이 주목할 만하다. 그의 이론은 원래 회사 같은 조직의 구성원에게 적용되는 동기부여 이론이지만 혁신가의 동기부여에도 쉽게 적용될 수 있다. 차이가 있다면 종업원은 자기 마음대로 직무의 내용을 선택하기 어렵지만 혁신가는 자신이 하고 싶은 일을 자유롭게 선택할 수 있다는 점이다.

한편 혁신가는 혁신의 성격상 종업원에 비해 물질적 보상과 같은 불만족 요인을 통제하기 어렵다. 즉 물질적 보상보다 내재적 보상을 중요하게 여기는 사람이 혁신가로 적당하다는 것이다.

사회심리학자 데이비드 매크릴랜드는 기업가 정신을 소유한 사람의 혁신 동기에 대해 연구한 대표적 학자이다. 혁신가는 금전적 동기보다는 성취 동기$^{n-Ach, need for Achievement}$에 의해 움직인다고 그는 주장한다.

성취 동기가 낮은 사람은 금전적 보상이 커질수록 일을 더 열심히 하는 반면, 성취 동기가 높은 사람은 금전적 보상이 커진다고 일을 더 열심히 하는 것은 아니라는 것이다.

또한 성취 동기가 높은 사람은 보통 사람들보다 오히려 위험 수준이 낮은 일을 선택한다고 주장한다. 즉 그들은 투기꾼이 아니라 철저하게 계산하고 계획하는 사람이라는 것이다. 마지막으로 매크릴랜드는 국민들의 성취 동기가 높은 국가는 그렇지 않은 국가에 비해 높은 경제 성장률을 보인다고 주장한다.

마지막으로 빅터 브룸이 제시한 기대 이론$^{expectancy theory}$에 대해 언급할 필요가 있다. 그에 의하면, 개인의 동기부여 정도는 노력의 결과 얻을 수 있는 보상의 매력 정도, 그리고 노력해서 원하는 결과를 얻을 수 있는 가능성 또는 확률에 의해 결정된다고 한다. 그러므로 조직은 구성원이 원하는 보상을 제공해야 하고 구성원이 평가하기에 달성할 수 있는 목표를 제시해야 한다는 것이다.

이상의 동기부여 이론을 요약하자면, 조직은 각 구성원에게 적절한 동기를 부여해 조직 목표 달성에 매진하도록 해야 한다는 것이다. 아무리 우수한 인재를 많이 보유한 조직이라도 그들의 욕구를 충족시킬 수 있는 급여, 스톡옵션, 승진, 조직 문화, 과업 등 적절한 보상을 제공하지 않으면 목표를 달성할 수 없다.

앞서 나는 국부 창출을 국민 모두가 혁신에 매진해야 한다고 주장했다. 국가를 하나의 커다란 조직으로 보면, 혁신은 국가 조직의 목표일 것이다. 국민 모두가 국가 목표인 혁신에 동참할 수 있도록 그에 합당한 보상을 제공해야 한다.

미래 혁신은 과학, 기술, 경영 분야에서 나올 것으로 예상된다. 총명한 학생들이 모두 법관이나 의사가 되려 한다면 현재의 보상 체계를 바꿔야 할 것이다.

낮은 급여 때문에 연구에 정진할 수 없는 과학자나 기술자에게는 금전적 보상 수준을 높여줘야 한다. 상업은 천박한 직업이라는 사회적 인식 때문에 유능한 인재가 창업을 회피한다면 상인이 존경받는 사회를 만들기 위한 사회계몽운동을 추진해야 한다.

잭 웰치는 동기부여가 조직목표 달성에 얼마나 중요한지를 보여준 대표적인 경영자다. 그는 GE의 최고경영자로 20년 동안 재임하면서 획기적인 경영혁신을 통해 14조 원의 GE를 시장가치 410조 원이 넘는 위대한 기업으로 바꿔놓았다. 그의 업적은 《포춘》이 20세기 최고의 경영인으로 그를 선정했을 정도로 경영학계에서 높게 평가된다.

웰치 경영의 핵심은 의외로 간단하다. 당근과 채찍을 적절히 동원해 종업원 간의 경쟁을 극대화시켜 사력을 다해 회사를 위해 일하도록 한다는 것이다. 보다 구체적으로 종업원의 성과를 매년 평가해 생산성이 가장 낮은 10퍼센트의 종업원은 해고하고 생산성이 가장 높은 20퍼센트의 종업원에게는 특별 보너스를 지급했다.

이 가혹한 정책의 결과 무기력했던 GE는 해를 거듭할수록 활기찬 기업으로 변모해 결국 세계 최우량 기업으로 거듭나게 된 것이다.

혁신가는 과거 경험이나 현재 처한 상황에 따라 다양한 혁신 동기를 갖는다. 과거에는 물질적 또는 외형적 보상을 통한 동기부여가 중요했지만 인간의 기본적 욕구가 해결되면서 자아실현, 성취감, 도전의식 등 내재적 보상의 중요성이 점차 커지고 있다. 또한 혁신의 성공 가능성이 높을수록 혁신 활동에 더욱 매진한다는 점이다.

그러므로 국가는 내재적 보상으로 혁신에 전념하는 혁신가를 존경하는 사회적 분위기를 조성하고 벤처기업 지원 등 혁신하기 좋은 환경을 조성하는 데 각별한 노력을 기울여야 한다.

'인간은 자신의 능력을 발휘하는 것을 즐긴다'

앞서 간단히 소개한 찰스 머리의 저서 『인류의 업적』을 내가 유난히 좋아하는 몇 가지 이유가 있다.

첫째는 문학·예술·과학·철학 분야에서 인류에 큰 영향을 미친 위대한 인물들의 업적을 비교적 객관적인 방법으로 순위를 매겼다는 점이다. 둘째는 위대한 업적을 남기기 위해 그들의 일생을 바친 이유가 그렇게 하는 것이 자신에게 기쁨이기 때문이라는 주장이다.

머리는 아리스토텔레스의 저서 『니코마코스 윤리학』에 등장하는 "인생은 활동이고, 사람들은 자신이 가장 좋아하는 일에 능력을 적극적으로 발휘한다"는 문구를 그 증거로 제시한다. 철학자 존 롤스는 이 문구를 자신의 언어로 재해석해 '아리스토텔레스 원칙Aristotelian principle' 이라 칭했다.

인간은 자신의 (잠재적) 능력을 발휘하는 것을 즐긴다. 또한 자신의 잠재 능력이 더 많이 발휘되거나 과업이 더 어려울수록 그 즐거움은 배가된다.

아리스토텔레스 원칙으로 보면 페럴만의 기행이 이해가 간다. 그는 자신이 탁월한 수리적 재능을 타고났다고 생각했고, 이 재능을 발휘하기 위해 푸앙카레의 추측이라는 수학계의 난제에 도전했다. 100년 이상 아무도 풀지 못한 문제였으니 문제를 해결했을 때 그 기쁨이 얼마나 컸을 것인가. 위대한 업적을 남겼다는 행복감으로 충분하니, 100만 달러의 상금이나 필드메달 같은 명성은 그에게 필요하지 않았을 것이다.

찰스 머리는 아리스토텔레스 원칙은 페럴만 같은 천재에만 적용되는 것이 아니라 모든 인간에 적용되는 인간의 본성이라고 주장한다.

하지만 보통 사람들이 일상생활에서 겪는 평범한 활동에서도 아리스토텔레스 원칙이 적용될 수 있음을 롤스는 예를 들어 보여준다. 체스는 체커checker보다 훨씬 복잡하고, 대수학algebra은 초등학교 산수보다 훨씬 어렵다. 둘 다 잘하는 사람이라면 보통 단순한 체커보다 체스 게임을 좋아하고 산수보다 대수학 공부를 하고 싶어한다.

찰스 머리도 비슷한 예를 든다. 초보 사진사는 다양한 장면을 한 장씩 찍는데, 그들은 다양한 경치의 사진을 갖는 것으로부터 기쁨을 느끼기 때문이다. 반면 사진 찍는 경험을 많이 쌓게 되면 같은 경치를 반복해서 찍는데, 이들은 조명이나 구성 같은 미묘한 문제를 해결하는 데서 기쁨을 느끼기 때문이다.

이런 점에서 아리스토텔레스 원칙은 매슬로의 자아실현 욕구와 유사한 점이 있다. 매슬로는 "음악가가 작곡을 하고, 미술가가 그림을 그리고, 시인이 시를 쓰는 이유는 그렇게 하는 것이 그들을 행복하게 만들기 때문"이라 주장한다. 하지만 매슬로가 주장한대로 인간은 자아실현 욕구를 갈구하기 전에 하위 4단계의 욕구를 충족해야 하는 것은 아니다.

아리스토텔레스 원칙의 중요성을 부각시킨 최근 연구로 미하이 칙센트미하이의 몰입flow 이론이 있다.

그는 암벽 등반가, 체스의 고수, 현대 음악 작곡가 등 아무 금전적

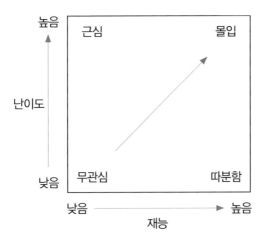

출처: Csikszentmihalyi (1975), Beyond Boredom and Anxiety

그림 7 아리스토텔레스 원칙

보상 없이 특정 활동에 몰입하고 있는 사람들을 연구하며 인간 행복의 본질을 규명하려 노력했다. 그는 몰입이야말로 인간에게 가장 의미 있는 기쁨이라 주장한다.

칙센트미하이는 몰입에 영향을 미치는 두 가지 요인으로 과제의 난이도와 자신의 능력을 들었다.

그림 7은 이 두 요인이 몰입에 어떻게 영향을 미치는지 보여준다. 주어진 과제가 자신의 능력으로는 도저히 해결할 수 없다면 좌절 또는 근심하는 반면 과제가 자신의 능력에 비해 너무 쉽다면 따분해한다.

능력은 별로 없지만 용이한 과제라면 그런 과제에 특별히 관심 두지 않는다. 누구든지 해결할 수 있는 과제이기 때문일 것이다. 그러나 과제의 난이도가 높고 문제를 해결할 수 있을 정도의 재능을 지닌 사람은 과제 해결을 위해 몰입한다.

아리스토텔레스 원칙에 따르면 위대한 업적을 남기려는 욕구는 모든 인간이 가질 수 있는 본성이다. 최상의 것을 추구하려는 욕구, 즉 수월성excellence을 추구하는 행위는 행복을 추구하는 인간의 행위처럼 자연스런 현상이란 것이다. 그러나 능력 있는 사람 모두가 위대한 업적을 남기지는 않는다. 애초에 위대한 과업에 도전하려 하지 않기도 한다.

찰스 머리는 탁월한 업적을 남긴 인물이 많이 배출된 시대 및 지역의 문화적 특성을 분석하였다. 그 결과, 재능 있는 사람이 수월성을 추구할 가능성을 높이기 위해서는 삶의 목표purpose와 자율성autonomy, 이 두 가지 문화적 특성을 강조한다.

첫째, 가장 재능을 갖춘 사람들의 삶에는 신성한 목표가 있고, 인생의 의미는 이 목표를 달성하는 것이라고 믿는 사회는 위대한 인물을 많이 배출한다.

아무리 좋은 재능을 많이 갖고 태어났어도 인생은 허무한 것이라 믿는 사람은 위대한 업적을 남길 수 없다는 것이다. 위대한 업적을 남기려면 탁월한 재능을 가진 사람에게도 엄청난 노력과 시간이 필요하기 때문이다.

"천재는 1퍼센트의 영감과 99퍼센트의 노력"이라는 에디슨의 말대로 끊임없는 노력 없인 위대한 업적을 낼 수 없다. 인생의 어떤 신성한 목표가 없는 사람은 아무리 재능을 갖췄다 할지라도 그 오랜 산고를 견딜 수 없기 때문에 위대한 업적을 남기지 못한다는 것이다.

여기서 '신성한' 목표는 물론 시대와 지역에 따라 다를 수 있다. 하지만 대다수 국민이 공감하는 신성한 목표는 있다. 예를 들어 학자의 진리 탐구라든가 미술가의 아름다움의 추구 같은 목표는 신성하다고 생각된다. 국가적 소명의식을 갖고 회사를 운영하는 기업인은 신성한 삶의 목표를 갖고 있다고 하지만, 축재 또는 돈벌이가 인생의 목표라면 이를 신성하다고 하지는 않는다.

둘째, 찰스 머리는 국민 개개인이 자신의 운명을 결정할 힘을 갖고 있다고 믿는 사회는 위대한 인물을 많이 배출한다고 주장한다. 자율성은 창의성 또는 혁신의 원천임은 앞서 지적한 바와 같다.

국가 지도자나 부모가 나의 운명을 좌우한다고 믿는 사람은 창의적이고 도전적인 일을 할 수 없다는 것이다. 위대한 업적을 남긴 많은 사람들은 자유로운 사회 분위기 속에서 자신의 운명을 스스로 선택한 사람들이다.

계량화된 평가로는 혁신을 유도할 수 없다

조직은 구성원들이 조직의 목표를 달성하는 데 매진하도록 급여, 스톡옵션, 승진, 조직 문화, 과업 등 적절한 보상을 제공한다. 각 구성원들이 조직의 목표를 얼마나 잘 달성했는지 객관적으로 평가하기 위해 경영학에선 핵심성과지표^{KPI, Key Performance Index}라는 척도를 사용한다.

예를 들어 구성원의 업무 성격에 따라 매출액, 이익률, 고객 충성도, 이직률, 주가, 투자수익률 등 다양한 성과 지표를 설정하고 그 달성 정도에 따라 보상을 제공하는 것이다.

KPI 같은 지표를 개발해 종업원의 능력 평가를 객관화하고 계량화하는 인사제도를 성과주의라 한다. 나이, 출신지역, 학력이 아니라 가시적 업무성과에 따라 보상을 제공하는 합리적 제도이다. 지난 10여 년간 우리 기업의 제도가 연공서열에서 성과주의로 빠르게 변화되면서 우리 기업의 경쟁력이 많이 제고되었다고 한다.

최근에는 변화에 가장 둔감하다는 대학도 사회적 요구에 부응하고자 성과주의를 채택하는 경우가 많다. 대학교수들이 나태해서 연구성과가 적고 그 결과 불량 학생을 양산하고 있다는 사회적 비난의 목소리가 높다. 이러한 부실 연구와 교육을 근절하기 위해 생겨난 제도가 대학의 '품질' 평가다. 그리하여 대학마다 국내외 평가기관이 발표하는 대학 품질 순위에 신경을 곤두세우고 있다.

교수들은 품질을 올리기 위한 '품질개선위원회'를 만들어 매일 조찬회의를 하느라 바쁘다. 마치 자동차 공장의 치열한 품질경쟁 현장을 보는 것 같다.

기업 임직원과 마찬가지로 교수들 역시 각 대학이 정한 강의 평점과 과학기술논문인용색인^{SCI}급 논문 게재편수를 채우지 못하면 승진에서 탈락된다.

평가받기를 좋아하는 사람은 없다. 자존심이 강한 대학교수들은 더욱 그렇다. 그래서 일부 교수들은 대학은 기업이 아니라며 평가를 거부한다. 대학의 목표는 진리탐구이고 이것은 계량적 평가 척도로 측정할 수 없다고 주장한다.

그러나 기업 평가에 사용되는 잣대를 대학에 들이대도록 한 원죄는 교수들 자신에 있음을 잊지 말아야 한다. 모든 교수들이 진리탐구 같은 신성한 목표에 매진했더라면 우리 사회가 논문의 수나 강의 만족도 등 치욕스런 척도로 대학을 평가하려 하지 않았을 것이다.

즉 계량적 평가 척도는 개인적 돈벌이, 정치, 또는 무위도식하느라 연구나 교육을 등한시하는 교수들에게 채찍을 들기 위한 제도란 것이다. 진리탐구 대신 개인의 안락과 영달로 바쁜 교수들에 실망한 우리 사회가 대학을 감독하겠다는 것이니 입이 백 개라도 할 말이 없다.

물론 계량화된 평가 척도와 그에 따른 가시적 보상에는 한계가 있다는 사실도 간과하지 말아야 한다. 기업이든 대학이든 모든 조직에서 그렇다. 이런 척도를 사용함으로써 조직의 생산성이 어느 정도 향상될 수는 있지만 혁신적 제품이나 아이디어를 기대할 수 없다.

혁신 활동이란 여느 핵심성과지표로 측정하기 어렵다. 혁신가는 가시적 보상보다는 아리스토텔레스 원칙에 따른 내재적 보상에 의해 움직이는 사람이기 때문이다.

'우회의 원칙'과 기업의 사회적 목표

니콜라스 버틀러의 말대로 "기업은 현대 사회가 만들어낸 가장 위대한 발명품"이다.

영국은 주식회사법을 제정해 상인들이 혁신을 지속적이고 용이하게 할 수 있도록 함으로써 산업혁명을 가속화할 수 있었다. 미국은 19세기 말부터 각 산업 분야에서 대기업을 설립, 운영, 관리하는 노하우를 습득함으로써 세계 최강국으로 부상할 수 있었다.

즉 지난 300년간 영국과 미국은 기업의 시대 또는 경영학의 시대를 열면서 세계를 지배할 수 있었다는 것이다.

오늘날 우리는 기업 순위가 곧 국가 순위라는 사실을 믿어 의심치 않는다. 세계적인 회사의 매출액 규모는 이미 한 국가의 국민총생산 규모로 성장했으며, 그 영향력에 있어서도 국가 이상이라 할 수 있다.

2011년 《포춘》의 글로벌 500대 기업 순위를 보면 이를 보다 확실하게 알 수 있다. 세계 500대 기업 중 미국 기업이 무려 133개, 일본 68개, 중국 61개, 프랑스 35개, 독일 34개, 영국 30개, 스위스 15개, 한국 14개, 네덜란드 12개, 캐나다 11개였다. 이들 10개 국가의 기업 수를 합하면 413개로 전 세계 국민총생산에서 이 국가들이 차지하는 비중과 비슷하다.

기업 조직이 역사에 유래 없는 빠른 성장을 하게 된 이유로 그 목표의 단순성을 든다. 시대에 따라 목표의 변화는 있었지만 이익 극대화, 주주 가치 또는 시장가치 극대화가 대표적인 단일 목표로 거론된다.

기업의 경제적 단일 목표를 주장하는 사람들은 그렇게 하는 것이 기업의 최대 경쟁력을 확보하는 길이라 생각하기 때문이다. 프리드먼은 "기업의 사회적 목표는 이익을 극대화하는 것"이라 했다. 법의 테두리 안에서 가능한 한 많은 이익을 창출하면 세금도 많이 낼 수 있고, 종업원도 많이 고용할 수 있고, 소비자에게 제품 및 서비스의 혜택을 더 줄 수 있다는 것이다.

경제적 단일 목표를 갖는 기업은 보통 뛰어난 경제적 성과를 낼 수 있다고 믿는 경향이 있다. 다원적 목표를 갖는 공기업을 민영화하려는 것도 이런 믿음 때문일 것이다.

그러나 오늘날 대부분 경영학자들은 다원적 기업 목표를 주장한다. 기업은 경제적 생산시스템으로서 이익 극대화, 시장가치 극대화, 부가가치 극대화 같은 경제적 목표를 갖는다.

하지만 사회가 기업이란 조직의 구성을 용인했고, 기업은 종업원을 고용하고, 고객에게 제품 및 서비스를 판매한다. 그러므로 기업은 정부, 소비자, 근로자, 원료 공급자, 채권자 등 모든 이해관계자stakeholder에 대해 사회적 목표 역시 갖는다는 것이다.

최근 매출액이나 이익 기준으로만 기업의 순위를 매기던 관행을 깨고, 환경과 사회에 대한 의무, 혁신성, 우수한 종업원 등 비경제적 척도를 가미한 '존경받는 기업' 순위를 매기는 것도 이런 변화와 무관하지 않다.

존 케이John Kay는 이익 극대화 같은 직접적인 목표를 추구하는 기업보다 고객, 종업원, 투자자, 지역사회 등 다양한 이해관계자들로부터 존경받는 기업이 되는 것을 목표로 삼는 기업이 오히려 더 많은 이익을 창출한다고 주장한다.

그는 이를 '우회obliquity의 원칙'이라 부른다. 예컨대 행복 그 자체를 추구해선 행복해질 수 없다는 것이다. 행복한 사람은 보통 이기적으로 자신의 이익을 위해 일하지 않고, 비계산적이며, 남에게 너그러운 사람이다. 행복은 불확실하고 다양한 것들로 구성돼 있기 때문이다.

케이는 성공한 기업들은 이익 이외의 것들을 목표로 삼았지만 결과적으로는 이익 중심의 기업들보다 더 많은 이익을 창출했다고 주장한다.

세계적인 제약업체 머크사의 CEO 조지 머크는 "우리가 의약품을 개발하는 것은 이익을 위한 것이 아니라 인류의 건강을 위한 것이다"라고 말했다.

빌 게이츠나 스티브 잡스가 이익 극대화를 목표로 삼아 마이크로소프트나 애플 같은 세계 최고의 기업을 만들었다고 생각하지 않는다는 것이다.

우리는 꿈꾸는 사업가를 원한다

최근 하버드 경영대학 모스 캔터Moss Kanter 교수는 자신의 블로그에 흥미로운 글을 한 편 올렸다. 위대한 기업의 창업자는 종종 치명적인 성격 장애를 갖고 있거나 열악한 환경 속에서 큰 업적을 이뤄냈다는 논조의 글이었다.

예컨대 마크 주커버그는 학창 시절 친구를 사귀는 데 많은 어려움을 겪었고, 이를 극복하는 과정에서 페이스북을 창업하게 되었다는 것이다.

트위터의 창업자 에반 윌리엄스 역시 극히 소극적이고 우유부단한 성격의 소유자였기에 새로운 소통 공간을 제공하는 인터넷 서비스를 사업화할 수 있었다는 것이다.

창업자가 처한 불우한 환경이나 성격적 약점과 창업 동기와의 관련성을 체계적으로 연구한 학술 논문은 아직 없다. 창업하는 이유는 창업자 수만큼이나 다양하기 때문에 학술 연구 자체가 용이하지 않다. 캔터 교수가 학술지 대신 블로그를 통해 자신의 주장을 피력한 것도 이런 이유일 것이다.

직장 상사의 잔소리가 듣기 싫어 창업을 한 사람도 있고 더 많은 돈을 벌기 위해 사업을 시작한 사람도 있다. 뛰어난 대인관계를 무기로 사업을 시작한 사람이 있는 반면, 앞서 언급한 주커버그처럼 대인관계가 좋지 않아 페이스북을 창업한 경우도 있다.

그러나 학술적 연구가 난해하다고 캔터 교수의 가설을 무시해 버리기에는 아쉬운 생각이 든다. 열악한 상황에서 위대한 업적을 이룬 사례는 비록 흔치는 않지만 많은 사람들에게 희망과 감동을 주기 때문이다. 그래서 캔터 교수의 가설을 통해 현재 우리 경제가 안고 있는 문제점을 잠시 조명해 보려 한다.

개인의 불행이 오히려 성공의 초석이 된다는 주장은 우리에게는 그리 생소하지 않다. 지난 60년 동안 우리 경제가 세계사에 유래 없는 비약적 성장을 하게 된 이유로 '헝그리 정신'을 빼놓을 수 없다.

자원이 전무한 우리나라는 6·25전쟁 후 모든 사회 인프라마저 폐허로 변했다. 남은 것이라곤 어떻게든 생존해야 한다는 절박함밖에 없었다. 하지만 일제 식민지 통치나 6·25전쟁 같은 불행이 오히려 경제 발전의 원동력이 된 것이다.

그러나 국민소득 2만 달러의 선진국으로 진입하면서 먹고 사는 문제가 해결되자 헝그리 정신이 점차 사라졌고, 그 결과 경제 활력이 급격히 저하된 것 같다. 생존을 위해 불철주야 일에 전념했던 세대 중에는 그 목표를 달성하면서 일종의 허탈감마저 느끼는 사람도 있다.

그러나 위기가 닥쳐오면 창업 세대는 배고팠던 시절의 아련한 기억과 난관을 극복했다는 자부심이라도 남아 있기에 의연할 수 있다. 반면 가업을 물려받은 2세 경영자는 대개 물질적으로 부족해본 적이 없어 위기를 극복할 수 있는 '근성 근육'이 없다. 그렇다고 평생 배고픈 적이 없는 사람에게 헝그리 정신을 사업 동기로 강요할 수는 없다.

불행은 그것을 참아낼 수 있는 근성을 지닌 자에게만 축복이 될 수 있다. 자신에게 닥친 위기 수위가 이를 감내해 낼 수 있는 정도를 넘어서면 절망하게 될 뿐이다.

가업을 자식에게 승계하려는 창업자 중 2세 경영자의 부족한 근성에 대해 불만을 토로하는 것을 자주 듣는다. '근성 근육'을 키울 수 없도록 자식을 키워놓고 지금 와서 근성이 없다고 불평해봐야 부질

없는 일이다.

우리 경제를 다시금 고도성장의 궤도에 올려놓으려면 성장의 새로운 활력소가 필요하다. 예를 들어 한 해 100억 매출을 올리는 이미 먹고 살 만한 사업가로 하여금 연간 매출 1조 회사를 꿈꾸도록 하려면 새로운 사업 동기가 필요하다는 것이다.

미래 한국을 이끌 재능 있는 사업가들은 사업 그 자체가 주는 매력을 중요한 사업 동기로 삼아야 한다. 스티브 잡스처럼 꿈을 꾸는 사업가가 한국에서 많이 나와야 한다.

다시 아리스토텔레스 원칙으로 돌아가 이야기하자면, 인류 역사에 위대한 족적을 남긴 사람들의 공통점은 직업에 관계없이 자신의 일에 몰입했고, 또 몰입으로부터 얻은 성취감을 일하는 동기로 삼았다는 점이다.

사업가가 사업으로부터 얻는 성취감은 과학자가 새로운 진리 발견에 기뻐하고, 예술가가 대중에게 감동을 주는 창작 활동에 몰두하는 일과 다르지 않다는 것이다.

스티브 잡스나 빌 게이츠 같은 위대한 사업가들이 자식에게 회사를 물려주거나 통장 잔고 보는 재미로 사업에 전념하지는 않았을 것이다. 그저 사업 재미에 푹 빠져 자신의 아이디어로 세상이 변하는 것을 보고 행복했으리라 생각한다. 그들은 세계 1등 기업을 만들겠다는 경영학 교과서적인 목표를 세우지 않았지만 몰입의 결과 세계 1등 기업을 만들었다.

지난 60년 동안 우리 기업인들은 한국을 기아에서 해방시킨 주역들이다. 그러나 이들이 계속해서 사업에 몰두하기보다 자신이 그동안 이뤄놓은 것을 지키는 데만 힘쓴다면 대한민국엔 희망이 없다.

반면 자신이 몰두한 사업을 통해 세계가 바뀌는 기쁨을 나누는 순간 대한민국은 세계 1등 국가가 되어 있을 것이라 확신한다.

6장

올바른 혁신의 조건,
윤리적 정당성

⋯⋯ 혁신은 파괴적 과정을 통해 소수의 사람에게 불행을 주지만 창조를 통해 다수의 사람들에게 큰 행복을 준다. 혁신에 영향을 받는 모든 사람의 행복과 불행을 합쳐서 혁신 전보다 훨씬 행복한 사회가 된다면 그 혁신은 윤리적으로 정당하다.

혁신적인 사회를 만들기 위한 자유, 보상, 존경 세 가지 요소 중 존경이 가장 중요하다. 국민이 혁신가를 존경하면 정부는 눈치 보지 않고 혁신가에게 자유를 보장해 줄 수 있다.

또한 혁신가를 존경하는 사회일수록 혁신가는 혁신에 대한 물질적 보상이 작아도 만족한다. 존경이라는 정신적 보상을 이미 받았기 때문이다. 하지만 존경은 세 가지 요소 중 가장 얻기 어렵다.

혁신이 사회에서 존경을 받으려면 해당 혁신이 사회 발전에 기여해야 하고 사회의 보편적 정서를 해치지 말아야 한다. 혁신의 결과물은 물질적인 것이지만 사회로부터의 존경을 통해 정신적인 세계와 연결되어 있다는 말이다.

앞서 말했듯이 혁신가에 대한 보상, 자유, 존경을 갖추면 아프리카 최빈국이라도 혁신적 사회를 만들어 선진국이 될 수 있다는 사실을 사람들은 잘 믿으려 하지 않는다. 그렇게 쉽게 선진국이 될 수 있다면, 왜 아직도 수많은 국가들이 빈곤에서 벗어나지 못하고 있으며, 18세기 이전 로마나 중국 같은 다른 왕조는 왜 산업혁명을 성공시키지 못했는지 생각하면 의구심을 가질 법도 하다.

그 이유는 혁신가에 대한 보상, 자유, 존경을 갖춘 사회를 만들기가 그리 쉽지 않기 때문이다. 특히 국민 대다수가 혁신을 존경하는 사회는 인류 역사에서 찾아보기 어렵다. 이는 행복을 결정하는 것은 자신의 절대적 소득 규모나 지위가 아니라 다른 사람과 비교한 상대적 소득과 지위라 생각하는 인간의 본성 때문이다.

기존의 사회 질서에 만족하는 사람은 일반적으로 혁신을 반기지 않는다. 혁신가는 창조적 파괴를 통해 기득권자가 누리는 혜택을 빼앗아버릴 가능성이 높기 때문이다. 혁신의 외부효과로 일부 혜택을 보는 사람 역시 혁신가가 그 혜택을 너무 많이 챙긴다고 생각하면 혁신에 찬성하지 않는다. 혁신의 결과 자신의 부는 일부 상승했지만 혁신가와의 상대적 부의 차이 때문에 오히려 더 불행해졌다고 느끼기 때문이다.

인류 역사는 혁신을 거부해 왔다

몇 해 전 동료 교수들과 중국 선양을 방문한 적이 있다. 우리 일행을 태운 관광버스는 끝없이 펼쳐진 화북평야의 옥수수 밭을 한참 달리고 있었다. 중국의 경제 정책에 자부심이 강했던 중국인 여행 가이드는 선양의 주요 산업을 설명하던 중 그곳의 대표 농산물인 옥수수에 대해 흥미로운 사실을 소개했다.

"우리는 이 많은 옥수수를 생산하면서 자동화 농기구를 거의 사용하지 않습니다. 농기구를 사용하면 선양의 많은 농민들이 일자리를 잃기 때문입니다."

이 옥수수 일화는 케네스 포메란츠Kenneth Pomeranz와 스티븐 토픽Steven Topik의 역사책 『교역으로 읽는 세계사 산책The World that Trade Created』에 등장하는 중국 시골의 한 원로 지도자 사례와 흡사하다.

이 지도자는 자신이 통치하는 지역에서 당시 농민들이 사용하고 있는 낫보다 훨씬 효율적인 낫의 사용을 금지한다. 새로운 낫을 사용함으로써 지역사회가 얻을 수 있는 추가적 경제 이익보다 그로 인한 농민, 기존 낫 판매업자, 새로운 낫 판매업자 등 이해 관계자들 간의 갈등으로 야기될 정신적 피해가 더 크다고 판단했기 때문이다.

정치적 이유 때문에 혁신을 거부한 사례는 세계 경제사에서 수없이 찾아볼 수 있다. 경제사학자 조엘 모키어Joel Mokyr의 저서 『부의 지렛대The Lever of Riches』에 그런 예들이 많이 등장한다.

오늘날 모든 나라에서 계산할 때 아라비아 숫자를 사용한다. 하지만 13세기 말 이탈리아 일부 지역에서는 아라비아 숫자 사용을 금지하는 법이 제정되어 피렌체 은행가들은 기존 로마 숫자를 한동안 사용해야 했다. 아라비아 숫자는 위조가 쉽다는 이유에서였다.

14세기 말 독일 쾰른에선 재단을 훨씬 신속히 할 수 있는 프레스 기술이 개발되었다. 그러나 기존 재단사들은 실직이 두려워 프레스 기술 사용을 불법화했다.

마찬가지로 15세기 말 파리의 필경사들은 자신의 직업을 위협할 인쇄기 도입을 20년 동안이나 지연시켰고, 1579년 단치히 시의회는 리본 제작 기계를 발명한 사람을 비밀리에 물에 익사시키는 명령을 내렸다. 물론 기존 리본 제작업자들이 시의회를 움직여 내린 결정이었다.

1561년 독일 뉘른베르크의 한 구리 세공업자는 금속 세공을 훨씬 신속하게 할 수 있는 선반을 발명한다. 하지만 뉘른베르크 금속 세공 길드(동업조합)의 사주를 받은 시의회는 그의 발명품이 "시의 발전에 해를 입힌다"고 의견을 모았다. 시의회는 그에게 더 이상 선반을 제작하거나 판매하지 못하도록 하는 명령과 함께 허락 없이는 시를 떠나지도 못하도록 했다.

이후 시의회는 그에게 100플로린을 지급하고는 이미 제작된 선반마저도 파기해 버렸다(그는 이 선반을 만드는 데 300플로린 이상 들었다고 한다). 몇 년 후 다른 구리 세공업자가 비슷한 개량 선반을 만들어 판매했는데, 시의회는 그를 형무소에 수감했다.

이런 예들은 산업혁명 이후에도 세계 도처에서 목격된다. 디어드리 매클로스키의 저서 『부르주아의 품위Bourgeoisie Dignity』에 언급된 몇 개의 예를 소개한다.

1770년대 말 프랑스 동북부 스트라스부르 시의회는 지역 소재 방적 공장이 생산한 제품을 지역 내에서 판매하는 것을 금지했다. 직물 수입을 전문적으로 하던 상인이 피해를 입기 때문이었다. "제조업체가 판매를 동시에 하면 거래 질서를 문란케 한다"는 것이 법을 제정한 공식적 논리였다.

1865년 세인트루이스에서 연락선을 운영하던 선박회사들은 미시시피 강을 건너는 다리를 건설하려는 정부의 계획을 무산시켰다. 물론 다리 건설로 선박 수요가 감소할 것을 우려했기 때문이었다.

2010년 시카고 시의회는 좌파 지식인의 지원을 받아 월마트가 남부 지역에 식품점을 열려는 시도를 무산시켰다. 이 지역에는 식품점이 거의 없었지만, 월마트 진출로 피해를 입는 일부 이해관계자들 때문이었다.

혁신은 보통 기득권자의 이익을 침해한다. 그래서 기득권층은 가능한 모든 정치적 수단을 동원해 혁신의 확산을 저지한다. 기득권자가 다수이고, 경제적 약자인 경우는 사회 정의를 주장하는 좌파 지식인들까지 합류해 그 저항은 더욱 강해질 가능성이 높다.

앞서 언급한 대형마트의 영업시간 제한 및 강제 휴무일 지정이 그 예이다. 여기서 대형마트는 혁신자이고 기득권자는 골목상인 및 중소상인이다.

자본주의 생리상 경제적 혁신의 결과 승자와 패자가 등장하게 된다고 좌파 지식인들은 주장한다. 선진국과 후진국, 자본가와 노동자, 대기업과 중소영세기업, 도시민과 농민 같은 승리자와 패배자가 등장하게 된 원인 제공자는 자본주의의 혁신가들이란 이야기다.

혁신을 지지하는 사회를 만드는 일은 그만큼 어려운 일이다. 긴 인류 역사에서 혁신의 축복을 누리기 시작한 것은 불과 200여 년 전부터이고, 그것도 아직까지는 극히 일부 국가만 누리고 있다는 점이 그 증거이다.

혁신은 '최대 다수의 최대 행복'을 낳는다

모든 사람에게 이익이 돌아가는 혁신이란 없다. 대체재가 전혀 존재하지 않을 것 같은 획기적인 신제품이라 할지라도 그 출시를 반기지 않는 사람이 있다는 것이다.

예를 들어 1950년대 말 훌라후프는 출시 4개월 만에 2천5백만 개 이상 판매된 획기적인 발명품이었다. 훌라후프는 기존의 어떤 특정 제품을 대체하는 제품은 아니었지만, 많은 장난감 또는 스포츠용품 제조업체들은 훌라후프 유행을 결코 반기지 않았다.

혁신은 창조적 '파괴'라 부르는 과정을 통해 기존 제품 및 서비스를 구식화 또는 열등화시키는 특성을 갖고 있기 때문이다.

혁신의 혜택과 파괴가 사회 전체에 퍼져 나가는 현상은 경제적 재화에 국한된 것이 아니다. 코페르니쿠스는 지동설을 주장함으로써 2천여 년 전 그리스 천문학자 프톨레마이오스^{Claudius Ptolemaeus}의 천동설을 믿던 천문학자들을 바보로 만들었다.

마찬가지로 아인슈타인은 지난 수백 년 동안 물리학을 지배해 온

뉴턴의 기계론적 우주관을 신봉하던 과학자들을 퇴물로 만들어버렸고, 닐스 보어^{Niels Bohr}, 베르너 하이젠베르크^{Werner Heisenberg} 등이 제시한 양자역학은 아인슈타인의 물리학 이론을 구식으로 만들어버렸다.

혁신의 결과 이득을 보는 사람도 있고 손해를 보는 사람도 있다. 미국에서 한국으로 와인을 수입하는 경우를 보자. 기후 조건, 생산규모 등의 차이로 동일한 품질의 미국 와인 가격이 한국 와인보다 보통 저렴하다. 미국 와인을 한국으로 수입하는 행위는 미국과 한국 와인의 원가 차이에서 관세, 운송, 보관 등 거래 비용을 차감한 만큼의 가치를 창출하는 혁신으로 볼 수 있다. 한미FTA 이후 수입관세가 낮아져 한국 수입업체는 더 많은 미국 와인을 수입할 것으로 예상된다.

미국 와인의 국내 수입의 결과, 미국 와인 수입업자, 미국 와인 생산업자 및 수출업자, 보다 저렴한 가격으로 미국 와인을 구매한 한국 소비자는 일단 승자라 볼 수 있다.

반면 국내 와인 생산업자, 프랑스나 칠레 등 미국 와인과 경쟁하는 해외 와인 제조업체들은 혁신의 일차적 피해자들이다. 미국은 자국 와인을 한국에 수출함으로써 미국 와인 가격이 소폭 상승하게 되어 미국 와인 소비자는 일부 피해를 입지만 와인 수출로부터 얻는 국부 창출로 미국인들은 다른 혜택을 볼 수도 있다.

혁신의 결과 피해를 입는 사람들이 다수 존재하지만 혁신이 사회적으로 바람직한 행위인 이유는 '행위' 또는 '직접적' 공리주의 이론으로 설명할 수 있다.

인간은 행복을 추구하고 불행을 회피하려는 본성을 지닌 존재이므로 인간의 행복을 늘리는 행위는 선한 행위이고 고통을 주는 행위는 악한 행위다. 그러므로 사회 전체의 행복을 최대로 하려면 '최대 다수의 최대 행복'을 실현하는 행위가 윤리적으로 정당하다고 할 수 있다는 것이다.

혁신은 '파괴'적 과정을 통해 소수의 사람에게 불행을 주지만 '창조'를 통해 다수의 사람들에게 크나큰 행복을 준다. 혁신에 영향을 받는 모든 사람의 행복과 불행을 합쳐서 혁신 전보다 훨씬 행복한 사회가 된다면 그 혁신은 윤리적으로 정당하다고 할 수 있다.

행위 공리주의 원칙에 따르면 미국 와인의 국내 수입은 윤리적으로 정당하다고 할 수 있다. 미국 와인 수입으로 국내 와인 제조업자 등이 입은 피해액보다 수입으로 얻은 국내 수입업자 및 소비자의 이익이 훨씬 크기 때문이다. 즉 미국 와인 수입으로 한국의 일인당 국민소득은 높아진다는 것이다.

미국 와인 수입의 결과 소득 불균형이 더욱 심각해지지 않을까 걱정하는 사람들이 있다. 무역의 이익을 와인 수입업자가 독점적으로 획득하는 위험을 경계한 생각이다.

그러나 독점이윤의 가능성이 있는 곳이라면 경쟁 와인 수입업체가 너도나도 시장에 진입할 것이기 때문에 크게 걱정할 필요가 없다. 치열한 경쟁의 결과 미국 와인의 국내 소비자 가격은 더욱 하락하게 될 것이기 때문에 국내 소비자 모두에게 자유무역의 혜택이 돌아가게 될 것이다.

기술 혁신의 윤리적 정당성 문제도 위에서 설명한 무역 혁신의 경우와 논리적으로 동일하다. 예컨대 포드 자동차의 조립식 생산 방식으로 일부 대장장이와 자동차 기술자는 불행해졌다. 하지만 이를 통해 포드 자동차는 생산성을 3,000퍼센트 이상 높일 수 있었기 때문에 자동차 가격을 파격적으로 인하해 모든 소비자에게 그 혜택이 돌아가도록 했다.

혁신의 결과 적은 수의 패배자가 나왔지만 이들의 불행을 상쇄하고 남을 만한 많은 승리자가 지금까지도 그 혜택을 누리고 있다는 것이다.

일부 지식인들은 상업적 혁신을 제로섬 게임이라 여기는 경향이 있다. 그들은 대항해 시대 이후 유럽의 성장이 후진국의 착취로 이뤄진 것이고, 산업혁명을 통해 자본가가 이익을 많이 낸 이유는 노동자를 착취했기 때문이라고 주장한다. 그러나 강자의 약자에 대한 약탈이라는 이들의 단순한 주장으로는 지난 200년간 일인당 국민소득이 전 세계적으로 12배 상승한 사실을 설명하지 못한다.

극단적 좌파의 논리를 동원하지 않더라도 새로운 기술이나 아이디어로 인한 승자와 패자 간 갈등은 세계 경제사에 자주 등장하는 주제이다. 기득권층은 당연히 기존 경제 질서가 파괴되는 것을 싫어한다. 혁신의 사회 윤리적 정당성을 논의하는 이유가 바로 여기에 있다.

혁신의 승자와 패자 간 갈등을 원만히 조정해낼 수 있는 사회는 그렇지 않은 사회보다 혁신을 쉽게 수용할 수 있고 그 결과, 빠른 경제 성장을 지속해낼 수 있기 때문이다.

나의 행복보다는 남의 불행을 바라는 인간

체코의 한 우화를 보자. 어느 날 하느님과 성베드로가 신분을 숨긴 채 하룻밤 묵기를 청했으나 모두 거절당한다. 마침내 가난하지만 친절한 농부 부부가 잠자리를 제공한다. 하느님은 자신이 누구인지 밝히고 그들의 선행에 대한 보상으로 원하는 것을 묻는다.

부부는 잠시 상의하고는 "우린 보잘것없는 닭들만 갖고 있는데, 우리 이웃은 매일 우유를 제공하는 염소 한 마리를 갖고 있습니다"라고 불평한다. 하느님이 "알았다. 너희도 염소 한 마리 갖기를 원하는구나"라고 화답하자, 이들 부부는 다음과 같이 애원한다. "하느님, 아닙니다. 이웃 염소를 죽여주십시오."

어느 나라에나 이와 비슷한 우화나 속담이 있다. 우리나라엔 '사촌이 땅을 사면 배가 아프다'란 속담이 있다. 남이 잘되는 것을 기뻐해주기보다 오히려 시기하고 질투하는 인간의 본성을 빗대어 표현한 속담이다.

인간은 단순히 자신이 소유하거나 소유하지 않은 것들로부터 행복과 불행을 느끼는 것이 아니다. 남과 비교해 자신이 상대적으로 많이 소유한 것과 적게 소유한 것으로부터 행복과 불행을 느낀다는 것이다.

내 연봉이 작년에 비해 올라갔더라도 동료의 연봉이 더 많이 올랐다면 행복하지 않다. 일면식도 없는 사람의 일인데도 불구하고, 삼성전자 등기임원의 평균 연봉이 100억 원이 넘는다는 일간지 기사를 보면 괜히 하루가 우울해진다.

이러한 인간 본성은 정치인에게는 한 가지 시사점을 준다. 일인당 국민소득을 재임 기간 중 매년 10퍼센트씩 올린 훌륭한 지도자라도 인기가 있으리란 보장이 없다. 대신 국민 간 소득 격차를 줄이는 편이 지지율을 올리는 데 훨씬 쉽고 효과적인 방법이다. 혁신을 강조하는 경제 성장 정책보다 평등을 강조하는 복지 정책 공약이 득표에 도움이 된다는 것이다.

인기 있는 지도자가 꼭 좋은 지도자는 아니다. 국민소득 증대나 경제 성장보다 (빈부 격차를 줄여) 국민을 보다 행복하게 만드는 일이 중요하다고 주장하는 정치인이나 지식인들이 대중에게 더 어필할 수 있을지 모르지만 국가의 장기 발전을 위해서는 올바르지 못하다.

행위에 대한 판단 규칙부터 만들어라

앞서 언급한 우화에서와 같이 사회 구성원들의 개인적인 질투가 혁신을 방해하는 것을 어떻게 막을 수 있을까. 행위 공리주의 원칙만으로 혁신가에 대한 질투 문제를 해결할 수는 없다.

만약 어떤 사람이 출중한 역량을 발휘해 자신의 연봉을 10배 늘렸다고 하자. 일면식도 없는 이 사람의 연봉 인상은 대부분 사람들에게는 아무런 영향을 미치지 말아야 한다. 그러나 이 연봉 인상 건을 국민투표에 부친다면 아마도 부결될 것이다. 한 사람에게 한 표를 부여하는 민주주의 투표 방식을 혁신 같은 경제적 문제에 적용하면 질투라는 인간 본성 때문에 혁신은 지지를 받기 쉽지 않다. 그것이 사회 전체의 파이 크기를 키우는 일이라고 해도 말이다.

보다 평범한 구매 행위에도 질투가 영향을 미칠 수 있다. 나의 구매 행위가 종종 다른 사람의 구매에 나쁜 영향을 미친다는 말이다. 내가 박수근 화백의 〈빨래터〉를 구매하는 행위는 다른 사람이 이 작품을 살 수 있는 기회를 박탈한다. 나의 〈빨래터〉 구매로 작품 가격은 상승하기 때문에 만약 그들에게 나의 구매에 대해 거부권 행사 기회가 주어진다면 당연히 반대할 것이다.

혁신의 경우도 마찬가지다. 예를 들어 파리바게트가 혁신적인 제과점 운영방식을 통해 전국에 수천 개의 체인망을 구축하자 전통적인 제과점을 운영하던 빵집 주인들은 문을 닫고 실업자 신세가 돼야 했다. 그들에게 파리바게트 혁신에 대한 거부권 행사 기회가 주어진다면 당연히 파리바게트의 혁신을 반대할 것이다.

박수근 화백의 작품 구매나 파리바게트의 전국 체인망 구축 같은 사안에 대해 사회 구성원 모두에게 의견을 묻는 사회는 분명 민주적이고 정의로운 사회처럼 보인다.

하지만 디어드리 매클로스키는 "이런 사회는 기술적, 예술적, 지적, 영적으로 진보적일 수 없다. 이런 사회에서는 정치가 시장을 대체할 것이다"라고 그 위험성을 지적한다.

질투가 정치적으로 혁신을 거부하는 현상을 막기 위해 존 스튜어트 밀이나 헨리 시지윅Henry Sidgwick과 같은 공리주의자는 '규칙' 또는

'간접적' 공리주의 이론을 제안한다. 어떤 행위가 있을 때마다 구성원 모두에게 가부 여부를 묻지 말고 그 행위에 대한 판단 규칙을 사전에 만들어놓자는 주장이다.

일반적인 예술품 거래 규칙을 제정하는 경우, 각 구성원은 앞으로 자신이 어느 편에 속할지, 즉 그림의 판매자일지, 구매자일지 또는 평소 그림을 소장하고 싶어하는 사람일지 모르기 때문에 보다 객관적으로 도덕적 판단을 내릴 수 있고, 그 결과 사회적 동의를 용이하게 이끌어 낼 수 있다. 즉 개인 간 예술품 거래에 대한 사전 규칙을 만든다면, 아마도 다른 사회 구성원 동의 없이 허용하는 쪽으로 의견이 모아질 것이다.

일반적 규칙을 제정할 때 객관적인 결론을 도출하기 위해선 규칙 제정자가 향후 어느 편에 속하게 될지 알 수 없어야 한다. 이것을 경제학자 제임스 부캐넌은 '불확실성의 장막veil of uncertainty'이란 용어로, 그리고 철학자 존 롤스는 '생전의 무지prenatal veil of ignorance'라는 용어로 표현했다. 즉 가까운 시일 내에 〈빨래터〉를 구매하거나 판매할 사람이 일반적인 예술품 거래에 대한 규칙을 제정할 때 참여하지 말아야 한다는 것이다.

규칙 공리주의자들은 지난 200여 년간 서구 선진국들이 빠른 경제 성장을 하는 데 중요한 역할을 담당했다. 특히 이들은 기술혁신, 자유무역, 자발적 상행위 등 서구 자본주의를 구성하는 핵심 사상에 윤리적 정당성을 부여했다는 데 큰 의의가 있다.

이들은 나태하고 무지한 사람들의 질투가 뛰어난 사람들의 혁신

행위를 방해하는 것을 막아 혁신적인 사회 분위기가 지속되도록 한
숨은 공로자라 할 수 있다.

기업가 정신에도 품질이 있다

윌리엄 보몰은 혁신을 가치 중립적인 개념으로 처음 파악한 경제학
자이다. 그는 혁신가를 단순히 창의적인 방법으로 자신의 재산을 증
식하거나 권력과 명성을 얻고자 노력하는 사람이라고 정의한다. 즉
혁신가는 혁신의 종류에 따라 사회에 득이 될 수도 있고 해가 될 수
도 있다는 것이다. 혁신에도 '품질'이 있다는 말이다.

보몰은 혁신을 생산적인 혁신과 비생산적인 혁신 두 종류로 분류
한다. 하지만 그의 분류 방식은 그리 정교하다고 할 수 없다. 공리주
의자의 이론을 빌려 그의 분류 방식을 설명하자면, 어떤 특정 혁신에
영향을 받는 모든 사회 구성원들의 소득 변화를 측정하고, 그 개개인
의 변화된 소득을 합해 그 값이 크면 생산적 혁신, 그렇지 못하면 비
생산적 혁신이란 것이다.

즉 사회 전체 파이의 크기를 키우는 혁신은 생산적인 것이고 그렇
지 못한 제로섬 성격의 혁신은 비생산적이란 주장이다. 그는 생산적
혁신의 대표적인 사례로 기술혁신을 든다. 기술혁신은 보통 사회 전
반에 연쇄적인 혁신을 유발하는 특성을 갖는다.

예를 들어 고든 무어Gordon Moore의 마이크로 프로세서 발명이 있었기에 스티브 잡스의 PC 혁신이 가능했고, PC 혁신이 있었기에 마이크로소프트나 구글 같은 PC를 기반으로 한 영웅적 기업이 탄생할 수 있었다는 것이다.

한편 대표적인 비생산적 혁신의 예로는 진입장벽 구축을 통한 독점, 정부 로비를 통한 특혜 사업권 획득, 대기업의 하청기업 착취 등 일종의 정치적인 '지대추구rent-seeking' 행위들을 들 수 있다.

비생산적 혁신은 건전한 상행위나 기술혁신보다는 법이나 정치적 환경을 활용해 이익을 획득하기 때문에 보통 다른 사회 구성원의 부를 빼앗는 제로섬 게임의 성격을 갖는 경향이 있다.

혁신은 인간의 본성이기 때문에 어떤 국가나 시대에도 존재한다고 보몰은 주장한다. 혁신가는 자신의 노력을 기술혁신과 같은 생산적인 활동에 배분할지 아니면 로비와 같은 정치적 활동에 배분할지 선택권을 갖고 있다. 혁신가가 어느 편을 선택할지는 각 활동의 수익률에 달려 있고, 그 수익률을 결정하는 것이 바로 국가의 법과 제도라는 것이다.

예컨대 사유재산권을 확실히 보장하고, 사법 체제가 공정하고 균형이 잡혀 있고, 세금이나 규제를 통해 부를 재분배하는 정부의 권한을 헌법적으로 제한하면 비생산적인 혁신의 수익성이 상대적으로 낮아진다. 정치적인 지대추구 행위를 할 수 있는 여지가 별로 없기 때문이다.

이런 국가에서는 생산적 혁신의 수익성이 비생산적 혁신에 비해 상대적으로 높기 때문에 혁신가는 생산적인 혁신을 통해 부를 창출하는데 전념한다. 즉 제도가 수익률 또는 보상을 결정하고 이에 따라 혁신의 방향이 결정된다는 것이다.

미국 경제학자 러셀 소벨^{Russell Sobel}은 윌리엄 보몰의 이론을 실증적으로 검증하기 위해 미국 50개 주정부의 정치적, 법적 제도의 차이를 연구했다. 각 주의 제도적 품질과 생산적 또는 비생산적 혁신의 관계를 실증적으로 규명하고자 한 것이다.

그는 생산적 혁신을 높이기 위해서는 벤처 기업에 대한 보조금 제도, 노동자 교육 등 정부 프로그램을 늘리는 것보다 비생산적 혁신에 대한 수익률을 낮추기 위해 정부의 역할을 최소화하는 편이 좋다고 결론을 내렸다.

정부 프로그램을 늘리면 혁신가는 소비자를 만족시키고 부를 창출하는 데 노력을 기울이기보다 더 많은 보조금을 따내는 데 노력을 기울이기 때문이라는 설명이다.

보몰의 주장은 이렇게 요약할 수 있다. 혁신 의지는 누구나 갖고 있는 인간의 보편적 속성이다. 그러므로 국가 지도자의 역할은 국민 모두가 단순히 혁신에 매진하도록 하는 데 있는 것이 아니라 국민의 혁신 동기를 생산적인 방향으로 집중할 수 있도록 하는 데 있다.

예컨대 기업가는 자신이 사업을 영위하는 국가의 제도, 즉 게임의 법칙에 따라 혁신 활동의 종류를 결정한다. 따라서 국가 지도자는 기업가가 생산적인 혁신에만 매진할 수 있도록 그에 적합한 제도를 마련해야 한다.

자유를 주면 혁신 의지가 회복된다는 말은 맞다. 하지만 무조건적인 자유는 혁신의 종류를 결정하지 못한다. 즉 무조건 기업하기 좋은 환경을 만들 것이 아니라 기업가가 생산적인 활동에만 매진할 수 있도록 하는 제도가 마련돼야 한다. 해당 규제의 폐지가 사회 전체 구성원에 미치는 파급 효과를 꼼꼼히 따져봐야 하는 것이다.

이명박 대통령은 당선 초기 상실된 대한민국의 기업가 정신을 회복시키기 위해 기업하기 좋은 환경을 만들겠다고 선언했다. 그 첫 번째 행동으로 규제 철폐를 뜻하는 소위 '전봇대 뽑기'를 시행해 기업가 정신이 회복될 것이라는 기대를 낳았다.

그러나 이명박 정부 출범 이후 대기업 계열사 수가 늘어나고 총수의 계열사 지배가 더욱 강화되었다고 한다. 첨단 기술의 적극적인 개발 같은 생산적인 기업가 정신 증대를 기대해 순환출자를 허용하고 출자총액제한제를 폐지했지만 대기업은 계열사 확대나 지배권 강화 같은 비생산적인 기업가 정신에만 매진한 것이다.

사업에만 전념했더니 큰돈 벌 기회를 놓쳤다고 불평하는 국내 기업인들이 많다. 기업 경영은 대출과 특혜를 받는 수단으로만 활용하고, 경영 이익을 재투자하는 대신 부동산 투자에 전념한 기업인들이 오히려 큰돈을 벌었다는 불만이다. 규제기관이 진지하게 경청해야 할 부분이다.

사회가 발명한 조직, 기업은 성장하면서 사회를 잊는다

혁신의 윤리적 정당성을 탐구하는 이유는 혁신이 아무리 경제 성장을 위해 필수불가결한 행위라 할지라도 윤리적으로 정당하지 않다면 이를 후손들에게 가르치고 사회적으로 촉진할 수 없기 때문이다.

혁신 의지는 양날의 칼 같은 존재다. 잘 활용하면 인류를 기아에서 구원하고 물질적 제약 조건으로부터 해방시킨다. 지난 200년간 소득이 수십 배 성장한 선진국의 현재 모습이나 지난 60년간 한국의 경제적 변화가 그 예이다.

하지만 잘못 사용하면 투기나 독점 같은 비윤리적 행위가 난무하고 경제가 소수의 혁신가에게 집중될 수도 있다. 자본주의를 가진 자와 갖지 못한 자의 투쟁으로 정의한 마르크스주의자들의 주장이 아직도 많은 이들의 귀를 솔깃하게 하는 것도 이와 같은 혁신의 양면성과 무관하지 않다.

혁신의 종류가 너무 다양해 천편일률적으로 혁신이 윤리적으로 정당하다고 말하기는 어렵다. 윌리엄 보몰이 혁신을 생산적 혁신과 비생산적인 혁신으로 나눈 것도 그런 이유에서일 것이다.

그렇다고 모든 생산적인 혁신은 윤리적으로 정당하고 비생산적 혁신은 그렇지 않다는 것은 아니다. 기술혁신과 같은 대표적인 생산적인 혁신도 혁신 행위에 대한 보상이 특정 개인에게 집중된다면 사회는 이를 윤리적으로 정당하다고 하지 않는다.

오늘날 기업은 현대 자본주의의 심장과 같은 존재가 되었다. 기업은 탄생 그 자체가 혁신이고 혁신의 산실이기 때문에 혁신 윤리와 함께 기업의 윤리적 정당성 문제를 생각해볼 필요가 있다. 이런 점에서 최근 기업의 사회적 책임 문제가 우리 사회에서 자주 거론되는 것은 바람직한 현상이라 생각한다.

기업은 사회가 발명한 조직이다. 1862년 영국에서 주식회사법을 제정해 지위 고하를 막론하고 누구든지 일정 자격을 갖추면 기업을 설립할 수 있도록 허용하기 전까지 사회에서 기업이 차지하는 역할과 비중은 미미했다.

하지만 주식회사법 제정과 함께 기업은 주식발행을 통해 많은 사람으로부터 손쉽게 자본을 조달할 수 있게 되었고, 자본 투자자 역시 자신이 투자한 금액 이상으로 책임을 질 필요가 없어 적극적으로 기업에 자본을 투자하게 되면서 기업조직은 급성장하게 되었다. 즉 사회가 기업조직 설립을 허용했으니 기업은 당연히 사회 구성원에게 책임과 의무를 다해야 하는 것이다.

하지만 기업은 성장하면서 내부 지향적으로 변한다. 성장과 함께 영향력이 커지면서 애초에 기업이 그런 영향력을 가질 수 있도록 허용해준 사회를 잊어간다는 것이다. 기업을 둘러싼 환경과 고객, 주주, 종업원 등 이해관계자의 존재를 인정하지만, 이것을 이익 극대화란 목표를 달성하는 데 있어서의 제약조건 정도로 생각한다. 즉 자신의 혁신 행위를 사회가 어떻게 평가할지 심각히 고민하지 않는다는 것이다.

예를 들어 2001년 법으로 금지되었지만 한때 '백화점 셔틀버스'라는 혁신이 있었다. 국내 백화점들은 대개 시내 중심가에 위치해서 주차 공간이 부족했다. 이에 주차 문제를 해결하고 상권을 확장할 목적으로 셔틀버스 운행을 시작했다. 주요 아파트와 백화점을 무료 운행하는 셔틀버스는 현명한 상업혁신이었다. 고객은 교통혼잡 및 주차 문제를 해결하고, 백화점은 상권확대 및 고객가치 제고를 통해 매출을 증대할 수 있었다.

하지만 셔틀버스 운행으로 백화점 상권이 커지자 주변 중소상인들은 상권 침해 문제를 제기했고, 시내버스 운행업자는 무료 셔틀버스로 매출이 감소되었다고 불평을 늘어놓았다. 2001년 결국 국회는 백화점의 무료셔틀버스 운행을 전면 금지하는 법을 제정한다.

백화점은 셔틀버스운행 금지법이 부당하다고 여길 것이다. 하지만 다른 이해관계자들은 셔틀버스 혁신의 혜택은 대부분 백화점에게 돌아갈 것이라 주장한다. 주차난 해소 같은 고객에게 돌아가는 혜택은 미미하고 중소상인 및 버스업자의 피해는 막대하다고 주장한다.

백화점은 무료 셔틀버스 운행을 처음 시작할 때 주변 중소상인이나 버스업자와 같은 다양한 이해관계자들의 반응을 고려해야 했다.

오늘날의 기업은 적극적으로 자신의 혁신 행위가 사회에 어떠한 보탬을 주는지 정교하게 분석하고 이를 다양한 이해관계자들에게 홍보해 이들을 설득하기 위해 노력해야 한다.

대한민국 재벌의 혁신에는 윤리적 정당성이 없다

한국 대기업의 경제력 집중 현상에 대해 우려의 목소리가 높다. 2011년 통계청 발표에 의하면 국내 10대 그룹의 매출액은 전체 제조업체 매출의 40퍼센트를 넘어섰다. 주식시장에서 차지하는 시가 총액 역시 전체의 50퍼센트를 넘는다. 이명박 정권하에서 그 수치가 더 커졌다고 한다.

재벌에 대한 비판이 예전엔 진보 지식인을 중심으로 이뤄졌으나 요즘은 보수층 정치인이나 학자들도 이에 동조하는 추세다. 그야말로 사면초가다.

소수의 대기업으로 경제력이 집중되는 현상은 우리 국민 경제에 많은 부작용을 야기한다. 재벌기업은 수많은 계열사를 거느리고 있고, 계열사에 일감을 몰아주는 방법으로 소유주의 재산을 친인척에게 이전하는 등 편법적인 증여를 일삼는다. 사업영역의 문어발식 확장으로 중소기업의 발전을 저해하고 막강한 경제적 영향력을 바탕으로 정치권과 결탁해 불법을 자행하며 이권에 개입해왔다.

하지만 지난 반세기 한국의 눈부신 경제 성장의 일등 공신은 삼성, 현대, LG 같은 대기업이라는 사실에는 별 이견이 없을 것이다. 이들은 반도체, 고화질 텔레비전, 휴대전화, 자동차, 조선 등 굵직한 산업 분야에서 세계적인 기업들과 어깨를 나란히 하고 있다.

우리 국민이 재벌기업의 화려한 업적을 저평가하는 가장 중요한 이유는 지배구조 때문일 것이다. 공기업과 은행을 제외한 대부분 국내 대기업은 소유경영인체제로 운영되고 있다. 많은 사람들은 대기업 중심으로 경제 성장이 이뤄지면 그 혜택이 소유경영자 개인과 그 친인척에 집중될 뿐 국가 전체에 그 파급효과가 미치지 못한다고 생각한다.

몇 해 전 대학 친구들과의 저녁식사 자리에서 한 동기생이 이런 말을 한 적이 있다. 당시 대기업 임원으로 있던 동기생은 학창 시절 한 교수의 강의 내용을 신랄하게 비판하기 시작했다.

30여 년 전 그 교수는 "가까운 미래에 국내 기업의 규모가 커지면서 미국처럼 소유와 경영이 분리되는 현상이 나타날 것이고, 그 결과 전문경영인 시대가 도래할 것"이라고 주장했다고 한다. "늦어도 1990년대까지는 그런 세상이 올 것이고, 그때가 되면 제군들같이 전문경영인을 꿈 꾸는 사람들이 기업의 실질적 주인이 될 것"이라는 예견도 덧붙였다고 한다.

그 친구는 그 '무책임한' 교수의 주장을 철석같이 믿고 망설임 없이 대기업에 입사했다. 하지만 지금은 그 결정을 후회한다고 고백했다. 그는 대한민국에 전문경영인 시대는 결코 오지 않을 것이라고 확신했다. 서구 선진국에선 이미 100년 전부터 소유와 경영이 분리되는 현상이 나타나기 시작해 대기업 경영은 전문경영인의 몫이다.

기업 규모가 작은 중소기업은 창업자의 개인 자금, 대출 및 내부 잉여금을 통해 필요 자금을 조달한다. 그러나 기업 규모가 커지면서 창업자 개인의 자금력으로만 필요한 자금을 감당할 수 없기 때문에 주식발행을 통해 외부 자금에 의존하게 된다.

기업 규모가 확대될수록 자본조달을 위한 추가적인 주식발행이 필요하게 되고, 그 결과 주식은 다수의 소유주에게 분산된다. 즉 자본조달과 경영관리 기능의 특화가 이뤄지면서 자연스럽게 경영관리에 전념하는 전문경영인이 필요하게 된다. 30여 년 전 그 교수가 전문경영인 시대가 도래할 것이라 자신했던 이유도 이런 논리에서였을 것이다.

우리나라 창업주들이 이런 보편적 추세를 거부하며 경영권 세습에 집착하는 데는 여러 이유가 있을 것이다. 한 사람은 세습을 선호하는 뿌리 깊은 국민 정서 때문이라고 말한다. 한국처럼 자원이 부족한 나라가 압축 성장을 하기 위해서는 소유경영자의 장기적 비전과 강력한 리더십이 필요했기 때문이라고 설명하는 사람도 있다.

나는 우리나라 창업주들이 경영권 세습을 고집하는 또다른 이유로 기업 경영의 투명성이 아직 미진하다는 점을 든다. 한국 기업의 경영 투명성은 최근 많이 개선되기는 했지만 아직 OECD국가 중 최하위권으로 평가되고 있다.

자식보다 전문경영인이 자신의 회사 재산을 더 많이 불려줄 수 있다는 확신이 있다면 굳이 자식에게 회사를 물려줄 필요가 없을지 모른다. 문제는 기업 경영의 투명성을 확보하기 어려운 환경에서 남보다는 자신의 피붙이를 좀더 믿을 수 있다는 것이다.

우리나라의 경영 투명성이 경제 수준에 미치지 못하는 중요한 이유 중 하나는 기업의 불법행위에 대한 처벌 수위가 너무 낮기 때문이다. 불법행위가 발각될 가능성도 낮고 발각되더라도 경미한 처벌로 사태를 마무리할 수 있으니 법과 질서를 지키며 경영을 할 필요가 없다는 것이다.

즉 비합법적 경영을 통해 사적 이익을 취할 여지가 많은 환경에선 가장 믿을 만한 자식에게 경영권을 물려주는 것이 최상의 승계 전략이다. 아이러니하게도 경영 투명성이 낮기 때문에 경영권 세습도 용이하다.

재벌은 지난 수십 년간 경제 성장의 기여도를 들먹이며 소유경영인 체제가 전문경영인 체제보다 경제적 효율성이 좋다고 주장한다.

하지만 우리나라 대부분의 대기업은 진정한 의미의 전문경영인 체제로 전환해 본 적이 없어 한국에서 소유경영이 전문경영보다 경제적 효율성이 뛰어나다고 말하기 어렵다. 전문경영 체제로 운영됐더라면 대기업의 경제 기여도가 한층 커졌을 수도 있다는 뜻이다.

또한 백 번 양보해 과거 재벌의 경제 기여도를 인정한다고 해도, 대다수 우리 국민은 소수의 재벌 소유자와 그 친인척이 한국 경제 성장에 따른 대부분의 물질적 보상을 독식해왔다고 생각한다. 재벌이 그동안 수행한 혁신에는 윤리적 정당성이 결여되어 있었다. 재벌은 경제적 효율성보다 윤리적 정당성을 보다 중요하게 여기는 국민과 함께하는 시대에 살고 있다는 사실을 잊지 말아야 한다.

Innovation

7장

그래도 혁신이 답이다

······ 대분기 이후 심화된 빈부의 격차는 대부분 국가 간 부의 격차로 설명할 수 있다. 자본주의를 성실히 수행한 국가와 그렇지 못한 국가의 차이 때문에 나타난 현상이란 뜻이다.

인간은 태어날 때부터 평등하지 않다. 룩셈부르크에서 태어나면 일인당 국민소득이 8만 달러 이상인 부유한 삶을 향유할 수 있다. 하지만 일인당 국민소득 300달러 수준의 콩고에서 태어나면 아무리 열심히 일해도 한평생 가난에서 벗어나기 어렵다.

물론 빈부의 차는 국가 내에도 존재하기 때문에 동일한 국가라도 어떤 부모를 만나는지에 따라 인생이 달라진다.

돈을 벌 수 있는 능력도 태어날 때부터 불평등하게 부여되는 것 같다. 2012년 《포브스》의 자료에 따르면 세계 최고 부자는 멕시코 통신 재벌 카를로스 헬루^{Carlos Helu}로 재산이 70조 원이 넘는다.

세계 2위 부자는 빌 게이츠로 이미 상당 재산을 사회에 기부했음에도 재산이 70조 원에 육박한다. 크로아티아나 에콰도르의 일년 GDP와 비슷한 규모이다. 타고난 재능 없이 노력만으로 이만큼의 부를 축적했다고는 믿기지 않는다.

세계 3위 부자로 평가된 워런 버핏은 자신이 이렇게 천문학적인 부를 축적하게 된 배후에는 미국 백인으로 태어난 점과 남들보다 뛰어난 비즈니스 감각을 갖고 태어난 점을 지적했다. 큰 기부를 할 때마다 자신은 운 좋게도 '자궁 로또'에 당첨된 사람일 뿐이라고 자선의 이유를 밝혔다. 태어날 때부터 자신은 인종과 재능의 혜택을 입었다는 얘기다.

운동 능력 역시 태어날 때부터 불평등하다. 타이거 우즈는 골프에 필요한 모든 것을 타고난 것 같다. 나는 30년 골프 경력에도 한 번도 기록해보지 못한 18홀 80타 이하의 스코어를 그는 8살에 이미 달성했다.

현재까지 PGA 누적 우승 횟수 74회로 샘 스니드에 이어 프로골프 역대 2위이다. 유럽 프로골프 투어에서도 누적 우승 횟수가 세베 바예스테로스와 베른하르트 랑거에 이어 38회로 역대 3위다.

이런 추세라면 우즈는 골프 역사에 존재하는 모든 기록을 갈아치울 것 같다. 월등한 운동신경과 카리스마로 지금까지 벌어들인 상금과 광고 수입이 1조 원이 넘는다고 한다.

어떤 분야나 탁월한 능력을 갖고 태어난 사람이 있다. 결과의 차이가 순수하게 노력에 의한 것이라면 윤리적으로 큰 문제가 없다. 하지만 타고난 운 때문에 결과가 달라졌다면 정의롭지 못하다고 여긴다.

혁신은 가난한 사람을 더 가난하게 만든다?

불평등하게 타고난 재능의 차이를 어떻게 윤리적으로 정당화할 수 있을까? 우즈의 팔이나 발에 모래주머니를 달아 보통 사람의 골프 재능과 동일하게 만드는 하향평준화 방법이 있다. 하지만 이 방법은 탁월한 재능의 소유자가 실력 발휘를 할 수 없도록 만들어 골프 산업 발전을 저해한다는 단점이 있다.

『정의론』의 저자 존 롤스는 그 해결책으로 '차등 원칙difference principle'을 제시했다. 개인 간 사회경제적 불평등은 최소 수혜자의 처지를 개선시키는 경우에만 정당화될 수 있다는 원칙이다. 즉 개인의 타고난 재능 일부분을 사회의 공동자산으로 취급해 활용함으로써 모든 사람들에게 이익이 되도록 한다는 것이다.

롤스의 차등 원칙을 혁신에 적용한다면 혁신에 의한 사회적, 경제적 변화가 가장 가난한 사람들의 삶을 향상시킬 때만 윤리적인 정당성을 확보할 수 있다.

서구 유럽에서 대분기가 시작되기 전까지 동서양을 막론하고 혁신은 가난한 사람을 더 가난하게 만든다고 사람들은 생각했다. 상업적 혁신에 대한 여론은 특히 부정적이었다. 아리스토텔레스 같은 그리스 철학자들은 "상인은 무한의 탐욕을 갖고 아무 목적 없이 부를 축적하는 사람"이라고 여겼다.

이들은 물자 부족으로 가난한 사람들이 극빈으로 내몰리는 원인이 바로 상인의 탐욕 때문이라고 주장했다. 매점매석이 그 대표적인 예로 지목되었다.

상인은 밀 가격이 높을 때 판매할 목적으로 싼 가격으로 대량의 밀을 구매해 비축한다. 이 상인이 애초에 자신에게 필요한 양 만큼의 밀을 구입했다면 밀 부족 현상은 애초에 일어나지 않았을 것이라는 것이다. 상인의 탐욕, 즉 이익 추구 행위 때문에 밀 가격이 올라 굶어 죽는 사람이 생겼다는 것이다.

천주교도와 좌파 지식인들은 상업 혁신을 부정적으로 보는 그리스의 전통을 이어 받았다. 초기 기독교는 로마인의 박해를 받던 노예와 가난한 사람을 중심으로 발전했다. 이들 사회경제적 약자는 권력자와 상인의 탐욕으로 그들이 늘 피해를 입는다고 믿었다.

토마스 아퀴나스는 상업에 대한 기독교인의 이런 부정적 시각을 바꿔 미래 서구 유럽이 산업혁명을 일으키는 데 큰 영향을 미친 신학자이다. 그는 정직한 방법으로 축적한 상인의 이익은 혁신의 노력에 대한 대가이므로 윤리적으로 정당한 행위라고 주장했다.

그의 해석에 따르면, 밀 가격이 낮을 때 밀을 대량 구매해 밀 가격이 높을 때 판매하는 행위조차 사회적으로 유익할 수 있다는 것이다. 만약 이런 상인이 존재하지 않는다면 가뭄으로 밀을 구할 수 없는 가난한 사람들은 굶어 죽을 수밖에 없기 때문이다. 상인은 가난한 사람들에게 고가로 약간의 밀을 구매할 수 있는 기회를 제공해 최소한 굶어 죽는 것을 막을 수 있다는 것이다.

마르크스 추종자들 역시 '무한의 축적을 위한 축적'을 자본주의의 대표적 특징이라 주장한다. 이들은 자본주의를 승자와 패자, 자본가와 노동자, 부자와 빈자의 제로섬 게임이라 여긴다. 그들에 따르면 자본주의 사회에선 각 사람들이 서로에게 적이기 때문에 한 사람의 이득은 다른 사람들에게는 불이익을 의미한다.

즉 상인의 탐욕을 채우기 위한 이익은 곧 가난한 사람을 더 가난하게 만들고, 오늘날 선진국의 풍요는 후진국의 가난으로 가능했다고 주장한다. 자본가, 상인 또는 선진국이 축적한 부의 본질은 약자로부터 약탈한 것이기 때문에 좌파 지식인들은 '정의로운' 분배 문제를 거론하길 좋아한다.

그러나 경제사학자들은 현대 자본주의의 최대 수혜자는 가난한 사람들이라고 주장한다. 대분기 이후 국가 간 차이는 있지만 전 세계 소득 분포는 오른쪽으로 이동했다.

예건대 로버트 포겔Robert Fogel은 미국의 경우 소득분포상 하위 20퍼센트에 속하는 국민의 실질소득이 1890년부터 약 100년 동안 20배 증가한 반면 상위 80퍼센트 국민의 실질소득은 10배 정도 증가해 하위 소득층의 소득 증가율이 훨씬 크다는 사실을 실증적으로 보였다.

그 결과 오늘날 미국의 저소득층은 영양실조보다는 영양과잉을 걱정한다. 도시 빈민들이 모여 사는 슬럼 지역이 꾸준히 축소되는 것도 빈민의 수가 줄어든 것과 무관하지 않다.

혁신의 혜택은 처음엔 대부분 혁신을 주도한 사람에게 돌아간다. 그러나 이익이 존재하는 곳에는 곧 많은 경쟁자가 시장에 진입해 혁신 제품의 가격이 하락한다. 제품 가격 하락으로 노동자의 실질 임금은 상승하기 때문에 노동자는 동일한 소득으로 더 많은 재화와 서비스를 구매할 수 있다. 즉 경쟁의 결과 혁신의 혜택은 수많은 가난한 사람에게 퍼져나간다는 것이다.

혁신적 이익은 장기적으로 지속하기 어렵고 그 혜택은 결국 많은 사람에게 돌아간다는 사실은 신자유주의 경제학자들만 동의하는 경제 논리가 아니다. 이는 여러 객관적 통계자료에서 확인할 수 있는 사실이다.

예컨대 대기업은 혁신의 혜택을 독점하기 때문에 이익률이 높을 것이라고 사람들은 생각한다. 하지만 한국은행 자료에 따르면 2011년 국내 대기업의 평균 영업이익률은 5.38퍼센트 수준밖에 되지 않는다. 미국 대기업도 비슷한 수준으로 세계 소매업의 혁신을 주도한 월마트조차 지난 10년 영업이익률이 4퍼센트 수준에 그친다. 대기업이 혁신의 혜택을 독식했다면 영업이익률이 이렇게 낮을 수 없다.

물론 자본가의 노동자 착취나 선진국의 후진국 착취가 없었다는 것은 아니다. 18세기 영국 방직공장 노동자는 하루 15시간 고된 노동의 대가로 간신히 연명할 수 있는 음식을 살 수 있을 정도의 임금을 받았다. 서구 유럽 국가들은 식민지 제국을 건설하는 과정에서 수많은 식민지 원주민을 사살하거나 노예로 착취한 것 역시 사실이다.

그러나 이런 부류의 착취는 대부분 자본주의가 정착되기 전 신분 간 또는 국가 간 힘의 불균형 때문에 발생했거나 독점이나 매점매석 같은 일부 비생산적 혁신 때문에 야기된 현상이라 할 수 있다.

프랑스에서 체제의 불평등과 모순을 일컫는 앙시엥레짐ancien regime을 부정한 것도 자본주의자이며, 노예제 폐지를 처음으로 지지한 것도 영국의 자유주의 자본주의자였다는 사실을 마르크스 추종자들은 인정해야 한다. 즉 자본주의가 성숙되는 과정에서 발생한 일부 부정적인 사례들로 자본주의 전체를 비판하는 것은 부당하다는 것이다.

마르크스주의자의 주장과는 달리 자본주의는 포지티브 섬 게임이다. 남의 것을 빼앗는 방법으로는 산업혁명 이후 선진국이 20배 이상 소득을 증대한 사실을 설명할 수 없다. 사회주의자는 지주의 토지를 빼앗아 빈농에게 나눠주는 방법으로 가난을 해결하려 한다. 지주와 소작농의 제로섬으로 사회를 바라보기 때문이다.

반면 자본주의자는 농기구, 비료, 품종 개량 등 혁신을 통해 일단 밀 수확량을 획기적으로 늘려 가난을 해결한다. 밀 수확량이 늘었으니 농민에게 더 많은 임금을 지급할 수 있고, 수확량 증대로 밀 가격이 낮아져 농민의 실질 임금은 더욱 늘어나는 효과를 볼 수도 있다.

일부 마르크스 추종자들은 아직도 크와메 은크루마^{Kwame Nkrumah}를 이상적 사회주의자로 존경한다. 그는 가나의 대통령으로 재임 당시 후진국은 경제, 정치, 문화적으로 선진국에 종속 상태에 있어 가난에서 벗어나지 못한다는 '종속이론^{dependency theory}'을 신봉해 불평등한 무역관계, 개발 원조, 자본수출 등 선진국의 무역 정책을 신랄하게 비판했다.

그러나 그는 1950년대 중반 아프리카 최고 부국에 속했던 가나를 불과 10년 만에 최빈국으로 전락시킨 최악의 지도자였다. 자본주의를 제로섬 게임으로 여기는 지도자하에선 파이의 크기를 키우는 문제 대신 파이를 나누는 문제에 국가 자원을 모두 소진해 버리기 때문이다.

자유시장경쟁과 부의 양극화

산업혁명의 혜택으로 가난한 사람이 예전보다 더 잘살게 되었다 할지라도 빈부의 격차는 더 벌어졌다고 주장하는 진보주의자들이 있다.

예를 들어 혁신의 결과 가난한 사람은 예전보다 2배 더 잘살게 된 반면 부자는 10배나 잘살게 되었다는 주장이다. 인간의 행복은 절대적 부가 아니라 상대적 부에 의해 결정된다는 점을 이들은 강조한다. 그래서 이들은 국민총생산이나 일인당 국민소득과 같은 부의 총량보다는 부의 평등한 분배를 중요하게 생각한다.

소득 불평등 연구로 권위 있는 레스터 서로Lester Thurow는 미국 주식시장의 호황으로 이미 부자였던 소득 상위 10퍼센트에 속하는 사람들이 그 혜택을 봤다고 주장한다. 미국 경제는 지난 25년간 크게 성장했음에도 불구하고, 가구의 약 70퍼센트는 생활수준이 나아지지 않았다.

예전에는 가장 혼자 일하던 가정이 동일한 수준의 생활수준을 유지하기 위해서는 이제 맞벌이를 해야 한다. 맞벌이를 통해 가구 소득은 다소 증대됐지만 그만큼 부동산 가격이 상승해 생활이 나아졌다고 느끼지는 않는다. 현재 미국 여성은 어머니 세대에 비해 일주일에 15시간 더 일을 해야 하기 때문에 스트레스도 크고 일과 가정을 동시에 꾸려야 하는 부담감이 높다고 한다.

지니계수는 계층 간 소득이 얼마나 평등하게 분포되었는지 측정하기 위해 사용되는 지표이다. 지니계수는 이론적으로 0보다 크고 1보

평등한 국가				불평등한 국가			
순위	국가	지니계수	기준연도	순위	국가	지니계수	기준연도
1	스웨덴	23.0	2005	1	나미비아	70.7	2003
2	헝가리	24.7	2009	2	세이셸	65.8	2007
3	노르웨이	25.0	2008	3	남아프리카	65.0	2005
4	오스트리아	26.0	2007	4	레소토	63.2	1995
5	체코	26.0	2005	5	보츠와나	63.0	1993
6	룩셈부르크	26.0	2005	6	시에라리온	62.9	1989
7	슬로바키아	26.0	2005	7	중앙아프리카 공화국	61.3	1993
8	카자흐스탄	26.7	2009	8	아이티	59.2	2001
9	핀란드	26.8	2008	9	볼리비아	58.2	2009
10	독일	27.0	2006	10	온두라스	57.7	2007

출처: CIA's World Fact Book, http://en.wikipedia.org/wiki/
List_of_countries_by_income_equality

표 9 평등한 국가와 불평등한 국가

다 작은 값을 갖는데, 그 값이 0에 가까울수록 소득이 평등한 사회이고 1에 가까울수록 불평등한 사회임을 의미한다. 이를 퍼센트로 표현하는 경우, 지니계수는 0에서 100의 값을 갖는다.

표 9는 미국 중앙정보국[CIA]이 발표한 국가별 지니계수 중 가장 그 값이 작은(평등한) 10개 국가와 가장 큰(불평등한) 10개 국가를 비교한 것이다. 국가별 평가 연도가 달라 정확한 비교는 어렵지만 나의 논점을 설명하는 데는 큰 무리가 없어 보인다.

평등한 국가는 스웨덴, 노르웨이, 오스트리아 등 복지제도를 잘 갖

국가	지니계수(세전)	지니계수(세후)
한국	34.4	31.5
아이슬란드	38.2	30.1
스위스	40.9	30.3
노르웨이	41.0	25.0
덴마크	41.6	24.8
슬로바키아	41.6	25.7
슬로베니아	42.3	23.6
네덜란드	42.6	29.4
스웨덴	42.6	25.9
그리스	43.6	30.7
캐나다	44.1	32.4
체코	44.4	25.6
뉴질랜드	45.5	33.0
영국	45.6	34.5
에스토니아	45.8	31.5
스페인	46.1	31.7
일본	46.2	32.9
핀란드	46.5	25.9
헝가리	46.6	27.2
호주	46.8	33.6
벨기에	46.9	25.9
폴란드	47.0	30.5
터키	47.0	40.9
오스트리아	47.2	26.1
룩셈부르크	48.2	28.8
프랑스	48.3	29.3
미국	48.6	37.8
멕시코	49.4	47.6
이스라엘	49.8	37.1
독일	50.4	29.5
포르투갈	52.1	35.3
칠레	52.6	49.4
이탈리아	53.4	33.7

출처: An Overview of Growing Income Inequalities in OECD countries: Main Findings, December 2011, OECD Publishing

표 10 OECD 국가의 불평등지수 비교 (2000년대 후반)

춘 유럽 선진국들과 헝가리, 체코 등 한동안 사회주의를 경험한 동유럽 국가들이다. 반면 불평등한 국가는 아프리카와 중남미의 최빈국들로 이 중 상당수는 사회주의를 경험한 국가들이다.

이 자료를 보면 자본주의가 소득의 불평등을 야기하고 사회주의는 그렇지 않다는 마르크스주의자들의 주장은 틀린 것 같다. 자본주의 국가 중에도 스웨덴과 노르웨이처럼 자본주의를 통한 경제 여력을 활용해 복지국가 건설에 성공한 경우도 있고, 사회주의를 채택했음에도 세계에서 가장 불평등한 국가로 전락한 국가들이 있다는 것이다.

자료에 따르면 한국의 지니계수는 31.4로 세계에서 29번째로 평등한 국가로 평가되었다. 그렇게 나쁘지도, 그렇다고 그렇게 좋지도 않은 순위다.

표 10은 OECD 국가들의 지니계수를 나열하고 있다. 이 자료에 따르면 한국은 세전 소득 기준으로 OECD 국가 중 가장 평등한 국가이다. 세후 기준으로는 중위권 정도로, 미국, 멕시코, 포르투칼, 칠레, 이탈리아, 캐나다, 호주, 뉴질랜드 같은 국가가 우리보다 불평등한 국가로 평가되었다. 즉, 한국은 일반인들이 믿는 것처럼 그렇게 양극화가 심한 국가는 아니라는 것이다.

최근 우리의 복지 제도가 미흡하다는 사회 여론이 팽배하다. 표 10의 세전 지니계수와 세후 지니계수를 비교해보면 이 주장은 어느 정도 사실이다. 덴마크나 노르웨이는 세전으로 보면 불평등한 국가지만 세금과 복지제도를 통해 가장 평등한 국가로 바뀐 국가라 할 수 있다.

그러나 한국은 세전으로 OECD 국가 중 가장 평등하기 때문에 상대적으로 세금이나 복지를 통한 소득 재분배의 필요성이 적었다고 볼 수 있다.

좌파 지식인들은 산업혁명의 결과 빈부의 격차가 심화됐다고 주장한다. 빠른 기술 변화로 혜택을 보는 것은 사회적 강자뿐이고, 가난한 사람들은 직장을 잃고 소득이 줄어들었다는 주장이다. 그러나 대분기 이후 심화된 빈부의 격차는 대부분 국가 간 부의 격차로 설명할 수 있다. 자본주의를 성실히 수행한 국가와 그렇지 못한 국가의 차이 때문에 나타난 현상이란 것이다.

보츠와나, 짐바브웨, 방글라데시, 북한 등 정체된 국가는 혁신과 개방을 거부하고, 혁신할 수 있는 자유를 국민에게 주지 않고, 국가 지도자는 상인을 불명예스럽게 여기고, 정권과 결탁하지 않은 부자를 용인하지 않고, 사회적 약자를 노예화했다. 즉 산업혁명 후 국가 간 부의 격차는 후진국에 대한 선진국의 착취 때문이라기보다는 혁신을 포기한 후진국의 잘못된 선택 때문이었다는 것이다.

자본주의를 채택한 대부분 국가들의 경우, 산업혁명 이후 빈부의 격차는 심화되지 않았다. 유럽 선진국들은 혁신을 통해 창출된 국부를 바탕으로 복지 예산을 대폭 확충해 오히려 빈부 격차를 대폭 개선하였다.

선진국 중 가장 불평등한 국가 중 하나인 미국의 경우 최근 양극화가 심화되었다고 사회 전체가 소란스럽다. 하지만 이 역시 경기 변동과 고급 인력에 대한 평가가 상승하면서 발생한 일시적인 현상으로 보인다.

매클로스키는 미국의 소득 분포가 30년 이상 계속해서 나빠진 적이 없다고 주장한다. 앞서 언급한 로버트 포겔의 연구에 따르면 지난 100년 동안 미국의 소득분포는 오히려 상당 부분 개선되었다.

평등한 사회를 만들자는 마르크스주의자의 논리는 가난한 사람들 귀에 항상 달콤하게 들린다. 그러나 완전히 평등한 사회란 지구상에 존재하지 않는다.

스탠리 레버갓Stanley Lebergott의 연구에 따르면, 1985년 당시 소련의 상위 1.6퍼센트에 속하는 엘리트 가정은 평균 가정에 비해 3.8배 이상 소비하는 것으로 파악돼 미국의 소득분포와 큰 차이가 없었다. 개방 이전 공산주의 중국 역시 고위 공산당원은 평균보다 8배 이상을 소비했다고 한다.

부의 이상적인 분배 원칙

기원전 4세기경 그리스 철학자 플라톤은 부의 이상적인 분배 원칙에 대해 흥미로운 주장을 했다. 그의 이상국가에서는 가장 가난한 사람보다 4배 이상의 재산을 소유한 부자가 용인되지 않았다. 4배 이상의 부를 축적한 경우 정부가 초과 재산을 몰수하도록 한 것이다.

플라톤은 4배라는 상한선을 제시하게 된 구체적인 이유에 대해서는 설명하지 않았다. 그러나 그는 당시 부의 분배 문제에 대해 많은 고민을 했던 것 같다. 부자 재산의 상한선을 두지 않으면 빈부 격차가 너무 벌어져 뒤처진 사람들의 불만이 팽배해질 것을 플라톤은 우려했다.

또 한편으로는 재산을 모두에게 공평히 배분한다면 열심히 일하는 사람의 근로의욕을 떨어뜨려 국가 경제 발전에 해가 될 것이라고 생각했던 것 같다. 현대적 표현을 빌리자면 플라톤은 경제의 효율성과 분배의 형평성을 균형적으로 고려한 이상국가를 찾기 위해 고민했던 것이다.

동서양의 현자들은 사회가 창출한 부의 이상적인 분배 방식을 찾기 위해 지난 수천 년 동안 노력해왔다. 어쩌면 사회 구성원 모두가 만족할 수 있는 부의 분배 원칙이란 애초에 존재하지 않을지 모른다.

분배 문제는 사회의 집단 간 갈등을 야기하는 가장 근본 원인 중 하나이기 때문에 가볍게 다룰 수 없다.

예를 들어 한미FTA에 반대하는 농민, 임금인상 및 노동 조건 개선을 요구하는 노동자, 대형 마트의 골목상권 진출을 막아달라는 지역시장 상인, 박카스 등 건강식품의 슈퍼마켓 판매를 반대하는 약사, 이들 모두의 관심사는 자신의 노력에 대한 정당한 몫을 요구하는 것이다. 학생들이 자연대나 공대보다 의대나 법대를 선호하는 것 역시 우리 사회의 부의 분배 방식에서 그 원인을 찾을 수 있다.

자유경쟁시장을 신봉하는 지식인들은 경쟁 또는 시장가격에 의한 자원 분배를 주장한다. 산업혁명 초기 대량생산 및 판매를 통해 창출된 이익의 대부분이 자본가에게 돌아가고 노동자에겐 최소한의 생계 유지를 위한 임금만을 지불한 것은 수요와 공급의 원칙 때문이라고 설명한다.

당시 산업이 필요로 하는 노동은 특별한 지식이나 기술이 불필요한 단순 노동이었고, 그런 노동을 제공할 수 있는 노동자는 공급 과잉이었다. 산업이 필요로 하는 노동자 수요보다 공급이 많으니 임금은 떨어질 수밖에 없다.

반면 산업화 초창기 자본은 희소 자원으로 수요가 공급을 초과했기 때문에 자본 투자에 대한 이익은 상승한다.

즉 산업혁명 초기 자본투자 수익률은 크고 노동자 임금이 상대적으로 낮았던 이유는 마르크스의 주장처럼 자본가가 노동자를 착취했기 때문이 아니라 자본과 노동이라는 자원의 수요와 공급에 의해 발생한 자연스런 현상이란 것이다.

자유경쟁시장 신봉자들은 자원 배분의 효율성을 분배의 형평성이라는 가치보다 중요하게 생각한다. 누진세나 임금 상한 설정처럼 분배의 형평성을 강제로 확보하기 위한 정책을 펴면 희소 자원이 비효율적으로 배분되고 경제는 활력을 잃는다고 믿는다.

자원 배분의 효율성을 극대화해 파이의 크기를 키우면 그 혜택이 모든 경제 계층에 고르게 분배될 것이기 때문에 양극화 문제는 크게 걱정할 필요가 없다고 주장하는 극단적 신봉자들도 있다.

온건적 자유론자들은 파이의 크기를 키운다고 분배 정의가 꼭 실현된다고 생각하지 않는다. 그렇다고 해도 분배 정의를 실현하기 위해 사회가 창출한 부가가치를 강제적으로 배분하는 정책은 경제 활력을 저하시키고 현실적으로도 효과적이지 않다고 비판한다.

예컨대 기업이 창출한 이익 중 노동자의 몫이 너무 적다고 생각해 정부가 그들의 손을 들어주는 정책은 글로벌 시장에서 효과를 거두기가 쉽지 않다. 자본주에게는 노동 쟁의로 임금이 상승하면 생산기지를 외국으로 이전하는 대안이 있기 때문이다.

선진국들은 이미 20~30년 전에 이런 현상을 경험했다. 노동단체의 끊임없는 요구에 지친 많은 미국 기업들이 생산기지를 멕시코 등 해외로 옮기면서 경제가 심각히 왜곡되자, 정부는 계속되는 기업의 해외이탈을 더 이상 보고 있을 수 없었다.

1981년 1만3천 명의 항공교통관제관 노조원이 임금인상을 위해 파업을 단행하자 레이건 대통령은 48시간 내 업무복귀를 명했고 이를 어긴 1만1천 명의 노조원을 해고해버린 것이다.

분배 정의에 대한 온건적 자유론자의 해결책은 부자들의 자발적인 양극화 해소 노력이다. 그 사람의 경제 운용 철학이 무엇이든 양식 있는 사람이라면 가난한 사람의 삶을 개선하는 일이 부자의 재산을 더 늘리는 일보다 중요하다는 사실에 동의할 것이다.

부자의 자발적 자선 행위로 양극화 문제를 해결하면 강제적 방법으로 해결할 때 나타나는 자원 배분의 비효율성 같은 부작용이 없다. 나는 미국의 최대 경쟁력으로 부자들의 자선 행위를 꼽는다. 이 문제는 다음 장에서 보다 자세히 논의하겠다.

자본주의에는 양극화의 위험이라는 비용이 따른다. 미국의 부자들은 자신의 자선 행위를 일종의 자본주의를 위한 비용으로 여기는 것 같다. 부자들의 자선 행위가 있기에 미국 정부는 경제 효율성에 매진할 수 있다고 생각한다.

부의 대물림이 양극화 해소의 걸림돌

부의 대물림 현상은 양극화 해소의 가장 큰 걸림돌이다. 부의 계층 간 이동이 높은 국가라면 가난한 사람에게도 희망이 있다. 그러나 현재 자신의 경제 수준이 자식에게로 그대로 대물림된다고 한다면 근로 의욕이 꺾일 수밖에 없다. 이 문제와 관련해《매일경제》에 기고한 '상속 부자와 자수성가 부자'라는 칼럼의 일부를 소개하면서 이 장을 마무리한다.

한국과 미국의 100대 부자들의 배경을 비교해 보면 한 가지 흥미로운 차이점이 있다.

미국 부자들은 주로 자수성가형인데 반해 한국의 100대 부자 중에서는 상속형이 압도적으로 많다는 사실이다.

2006년 말 기준 미국 부자 순위 1위인 빌 게이츠(마이크로소프트), 2위 워런 버핏(버크셔 헤서웨이), 3위 셸던 애들슨(샌즈 카지노), 4위 로렌스 앨리슨(오라클), 5위 폴 앨른(마이크로소프트) 모두가 자신의 능력만으로 당대에 큰 부를 축적한 인물이다.

반면 한국 5대 부자는 전원 상속형이고, 10대 부자까지 고려하더라도 카자흐스탄에서 큰돈을 번 차용규 카작무스 사장을 제외한 모두가 상속형이다.

소득과 부의 분배 방식은 원칙적으로 그 사회가 채택한 재산권 윤리규범에 의해 결정되는 문제이기 때문에 자수성가형 부자와 상속형 부자 어느 쪽이 윤리적으로 더 정당한지 단언하기는 어려울 것이다. 그러나 소득 불평등 문제를 논의할 때 상속된 부의 다과에 따른 불평등이 개인 능력의 차이에 기인한 소득 불평등보다 부당하다고 생각한다.

우리 국민의 반反부자 정서 또는 반기업 정서가 미국보다 더 심각한 이유도 따지고 보면 우리나라 부자들은 상속형 부자가 주류라는 사실 때문일 것이다. 개인의 자유의지나 노력으로는 어쩔 수 없는 부모의 재산 때문에 부자가 될 수 없는 국민이 어떻게 부자를 사랑할 수 있겠는가.

반면 자수성가형 부자가 주류인 미국인은 자신도 노력하면 부자가 될 수 있다는 희망이 있기에 굳이 부자에 대한 반감을 가질 필요가 없는지 모른다.

미국인은 자수성가형 부자가 많음을 자랑하며 자신의 나라를 '기회의 땅'이라 부른다. 부의 계층 간 유동성economic mobility이 높은 나라의 국민은 국가에 대한 만족도가 높다.

반면 부모로부터 물려받지 않고는 강남 고급 아파트에 거주할 기회가 없다고 믿는 국민은 국가 정책에 대한 신뢰도가 낮고 부자에 대해 부정적인 감정을 수시로 표출한다.

불만에 찬 국민들을 달래기 위해 정부가 부자에게 불리한 다양한 조세

정책을 수립해 보지만 실효를 거둔 적은 거의 없다.

우리나라를 기회의 땅으로 만들려면 이미 부자가 된 사람보다 자수성 가로 부자가 되려 노력하는 사람에게 유리한 분배 윤리를 정립해야 한다. 이를 위해 필자는 우리 조세정책에 대해 몇 가지 제언을 하고자 한다.

첫째, 자산소득과 근로소득을 명확히 구분하고 근로소득자에 유리한 과세정책을 펼 필요가 있다. 이 점에서 최근 근로소득 증가율에 비해 근 로소득세율을 현저히 올린 일련의 정책은 비판을 받아 마땅하다.

둘째, 종합소득 중 근로소득에 대한 누진세 적용을 폐지할 것을 제안한다. 미래 국가경쟁력은 소수의 창의적 지식노동자에 의해 결정될 것이고 이들 은 근로소득 상위 5퍼센트에 분포할 가능성이 높기 때문이다.

핵심인재에 대한 급여 수준이 낮아 많은 국내 우수 인력이 해외로 유출 되고 있음을 고려하면 근로소득에 대한 누진세 폐지가 지식노동자들에게 강력한 인센티브가 될 것이다. 이들은 '미래 부자'가 되려 노력하는 계층이 므로 단순히 자산소득이 많은 사람과는 구분돼야 한다.

마지막으로 소득 불평등을 완화하는 문제와 부의 유동성을 높이는 문 제를 혼동하지 말아야 한다. 자본주의 사회에서 흔히 볼 수 있는 소득불 평등은 개인적 선택의 결과다.

어떤 사람은 월급은 적지만 여가 시간이 많은 직장을 택하고 또다른 사 람은 그 반대를 선택한 결과 소득이 다른 경우가 그 예이다. 높은 소득이 보장되지 않는다면 누가 어려운 작업환경에서 열심히 일하겠는가.

소득불평등은 자본주의의 필연적 산물이고 나름대로의 순기능이 존재 한다. 그러므로 소득불평등 해소의 해결책으로 고소득자에 대한 세금 부담을 높이려면 소득의 원천을 구분해 자산소득에만 적용해야 할 것이다. 부자에 대해 무조건 높은 세금을 부과하는 정책은 자칫 열심히 살려는 사람의 근로의욕을 꺾을 가능성이 있기 때문에 바람직하지 않다. (중략)

8장

존경, 위대한 기업이
스스로 얻어야 할 마음

...... 혁신가는 자신의 재능과 열정을 통해 획득한 물질적 보상을 자발적으로 사회에 환원함으로써 물질적 보상을 사회적 존경으로 교환해야 한다.

2001년 두 명의 경제학자가 '보이지 않는 마음invisible heart'이라는 동일한 제목의 저서를 출간했다. 한 권은 자유시장경쟁을 주장하는 경제학자 러셀 로버트Russell Robert의 저서이고, 다른 한 권은 낸시 폴브르Nancy Folbre라는 좌파 경제학자의 저서이다.

이 둘은 집필 과정에서 서로 의견을 교환한 적이 없었지만 책 제목은 동일했고, 다루고 있는 주제가 유사했다. 하지만 결론은 사뭇 달랐다.

먼저, 폴브르는 사회가 따뜻한 마음을 가져야 한다고 주장했다. 미국 자본주의는 시장을 과도하게 신뢰한 결과 여성, 어린이, 하층민 같은 경제적 약자에게 불리한 체제로 발전했다고 비판한다.

그녀는 애덤 스미스의 '보이지 않는 손'은 사랑과 같은 무형의 사회적 가치를 파괴한다고 단언한다. 개인의 이기심을 극대화하는 행위로는 우리 모두가 원하는 사회를 만들어낼 수 없다는 것이다.

폴브르는 자유시장경쟁의 한계를 지적하기 위해 자식에 대한 사랑에 있어 남성과 여성의 생태학적 차이를 예로 든다. 가난한 미혼모는 아이를 고아원이나 아버지에게 보내면 자신의 경제적 여건을 곧 개선할 수 있지만 그렇게 하지 않는다. 반면 남성은 시장 메커니즘을 따라 자식을 쉽게 포기한다. 부성애보다 모성애가 강하다는 이야기다.

시장은 부모로서의 책임을 지지 않으려 하는 편에 유리하다. 여성은 도덕적으로나 감성적으로 쉽게 자식을 포기하지 않기 때문에 경제적으로 불리하게 살아가야 한다. 선천적 모성애 때문에 여성은 자식 양육 문제로 남성과 협상에서 절대적으로 불리한 것이다.

폴브르는 학교 교사나 의사가 다른 직업에 비해 쉽사리 파업을 하지 않는 현상도 유사한 논리로 설명한다. 학생을 가르치는 교사나 환자를 보살피는 의사 같은 직업에 종사하는 사람은 일종의 모성애를 갖고 있는 사람이다. 그래서 이들은 시장 메커니즘에 의해서만 움직이지 않는다. 급여를 올리기 위해서는 파업을 해야 하는데 자신이 보살펴야 하는 학생이나 환자가 받게 되는 피해 때문에 그렇게 하지 못한다는 것이다.

경쟁적 자본주의는 사랑 같은 무형의 도덕적 감정을 말살한다고 주장하는 지식인은 폴브르뿐 만이 아니다. 정치학자 로버트 퍼트남Robert Putnam은 그의 저서 『나 홀로 볼링』에서 1950년대 이후 미국 사회에서 협력이나 신뢰 같은 사회적 자산social capital이 붕괴되고 있음을 개탄했다.

그는 볼링하는 방식의 변화를 예로 든다. 지난 20년간 볼링을 즐기는 미국인은 증가했지만 단체 형태로 볼링을 하는 사람은 현저히 줄었다고 한다. 홀로 볼링을 하면 다른 사람들과 볼링을 할 때 얻을 수 있는 사회적 상호작용에 참여할 수 없다.

퍼트남은 사회적 자산이 위축되면 투표참여율이 저조해지고 정부 불신 풍조가 만연하게 되는 등 여러 사회적 문제를 야기할 수 있다고 주장한다.

로버트 포겔은 자본주의가 미국인에게 가져다준 물질적 풍요 때문에 '영적 박탈spiritual deprivation' 현상이 점차 심화되고 있다는 우려를 표명했다. 인간은 의식주 문제가 어느 정도 해결되면 자존심, 가족에 대한 사랑, 도덕적 감정, 삶의 목적의식과 같은 영적인 문제가 중요해지기 시작한다. 그런데 물질이 더 많아졌어도 영적인 문제를 해결하지 못하기 때문에 돈은 더 이상 미국인의 행복 수준을 높이지 못한다는 것이다.

자유시장경쟁이 가져다준 기술발전과 물질적 풍요의 한계를 지적한 이들 지식인들의 주장은 대중에게 많은 공감을 불러일으켰다. 하지만 자유시장경쟁을 신봉하는 지식인들은 이들의 주장에 많은 논리적 비약이 있다고 비판한다.

예컨대 사랑 같은 인간 본성이 직업, 성별, 나이에 따라 차이가 있다는 폴브르의 주장에는 객관적인 증거가 충분하지 않다.

한편 폴브르와 같은 해 동일한 제목의 서적을 출간한 러셀 로버트는 기업인 중에 악한 기업인이 있듯이 정치인, 경찰, 군인, 관료, 종교인, 의사, 교수들 중에도 악한 인간은 많다고 말한다. 그래도 평균적으로 이들이 기업인보다 사랑이 풍부하지 않냐고 주장하고 싶겠지만, 이를 지지해줄 만한 객관적인 증거는 없다.

많은 사람들이 '상인은 기회가 있을 때마다 속이려 드는 자'라고 생각하지만 "선량함은 사업에서 매우 중요한 덕목"이라고 러셀 로버트는 주장한다. 사업에 성공하려면 약속을 잘 지키고, 화내지 않고, 고객, 주주, 종업원 등 다른 사람을 잘 섬겨야 한다는 것이다.

내가 잘 아는 기업 경영자들은 성자는 아니지만 그렇다고 결코 악인도 아니다. 대부분 정직하고 사리분별이 명확하며 자신의 업무에 최선을 다하고 경영학 교과서를 잘 따르는 모범생들이다.

한편 경영학 교과서 어디에도 고객을 속이고 종업원을 착취하라는 내용은 나오지 않는다. 경영학자들은 고객만족, 리더십, 정직 등 윤리 교과서에서나 나올 만한 주제를 다룬다. 부처나 예수의 지혜를 비즈니스에 접목하려 하는 경영학자들도 있다.

흔히 나의 전공인 마케팅 분야는 경영학 중에서도 가장 비도덕적인 내용을 다룬다고 비난을 받는다. 특별한 제품도 아닌데 화려한 화술과 광고로 소비자를 현혹해 판매하는 기술이 마케팅이라는 것이다. 한때 이런 사회적 비난이 싫어 전공을 통계학이나 역사 분야로 바꿔볼까 생각한 적도 있다.

하지만 나는 학생들에게 한 번도 소비자를 현혹하거나 사실과 다른 내용을 홍보하라고 가르친 적이 없다. 마케팅은 다른 사람을 설득하고 영향을 미치는 언어 기법을 연구하는 수사학의 한 분야라 할 수 있다.

매클로스키는 이익을 추구하는 행위는 사랑 같은 무형의 도덕적 감정을 말살한다는 폴브르의 주장을 비판한다. 상업적 이익과 동떨어진 직업에 종사하는 사람 중에도 비도덕적인 사람은 무수히 많다.

일부 종교인은 자신이 거룩한 신의 미션을 수행하는 사람이라 생각하기 때문에 세금 납부나 채무 이행과 같은 속세의 약속은 지키지 않아도 된다고 생각한다. 비영리 장애인복지시설을 운영하는 어떤 원장은 오히려 장애인을 학대하고 불법적으로 정부보조금과 기부금을 착복하기도 한다. 탐욕과 거리를 둬야 할 정당이 총체적 부정선거를 저질러 놓고도 자신의 과오에 대한 사과는 인색하고 다른 당의 개혁에만 목소리를 높인다.

이러한 사례를 보면 상업적 이익의 부재가 오히려 인간을 비도덕적으로 만드는 것 같은 생각마저 든다.

자본주의의 핵심은 경쟁이 아니라 자발적 협력이다. 러셀 로버트가 "시장의 중심에 보이지 않는 마음이 있다"고 주장한 이유는 고객, 종업원, 주주, 정부 등 이해관계자들의 마음을 얻지 않고는 상업적 이익을 얻을 수 없다는 의미이다. 고객만족, 주주가치 극대화, 종업원 동기부여 등 기업 경영의 교과서적 원칙들은 단순히 홍보용 구호가 아니다. 그렇게 하지 않으면 이익을 창출할 수 없다는 말이다.

상행위에 무조건 비판적인 좌파 지식인들에게 꼭 당부하고 싶은 말이 있다. 먼저 지금까지 경영학 책을 몇 권이나 읽어보았는지 자신에게 물어보라. 물론 마르크스주의자의 자본주의 비판 서적은 제외하고 숫자를 세어보라. 그 수가 3권 이하라면 공부 시간의 10퍼센트만 할애해 선입견을 버리고 경영학 공부를 해보라.

우리가 아는 대부분의 비즈니스 지식은 텔레비전 드라마나 영화에서 습득한 피상적인 것들이다. 방송작가나 언론인의 시각으로 걸러진 비즈니스 세계라는 것이다. 여기서 재벌은 항상 약자를 착취하는 악인으로 묘사된다. 또는 아버지와는 다른 재벌 아들이 등장해 가난한 비정규직 사원을 사랑하게 되는 신데렐라 스토리다. 상행위에 대한 경영학자의 시각을 한 번쯤 진지하게 경청할 기회를 가져보길 바란다.

윤리학자 애덤 스미스

나는 자유시장경쟁이 인간의 도덕적 감정을 박탈한다는 낸시 폴브르의 주장에 반대한다. 물론 부자가 되면 돈의 맛을 알게 되어 더 탐욕스러워질 수도 있다. 하지만 반대로 먹고 사는 문제가 해결되었으니 문화·예술 활동에 심취하거나 남을 돕는 일에서 생의 의미를 찾게 될 가능성이 더 높다고 생각한다. '유항산有恒産 유항심有恒心'이라는 공자의 가르침도 있지 않은가.

그러나 인간의 모든 행위를 냉철한 합리성이나 효용 극대화 문제로 접근하는 자유시장경쟁 신봉자의 주장에도 반대한다. 시장의 보이지 않는 손만으로는 아프리카 수단에서 평생 의료와 선교활동을 하다생을 마친 이태석 신부의 거룩한 삶이나 췌장암으로 죽을 날을 받아놓고도 죽기 전날까지 애플의 혁신적 제품개발에 매진했던 스티브 잡스의 삶을 설명할 수 없다.

경제학을 창시한 애덤 스미스는 평생 딱 두 권의 책을 남겼다. 한 권은 오늘날 영미 경제학의 초석을 다진 그 유명한『국부론』이란 저서이고, 다른 한 권은 일반인에겐 잘 알려지지 않은『도덕감정론』이라는 윤리학 교과서이다.

『국부론』에 등장하는 인간의 이기심과 시장의 보이지 않는 손에 대한 내용이 경제학에 미친 영향이 너무나 커서 일반인들은 스미스가 윤리학자였다는 사실을 잘 알지 못한다.

스미스는 영국 글래스고 대학에서 수십 년 동안 윤리학 교수로 재직했다.『국부론』에서 그가 자유경쟁 이론을 주장한 것은 사실 자신이 학생에게 가르치던 기존 윤리관을 지지할 기반을 마련하기 위함이었다.

『도덕감정론』에서 그는 시장이 제공하는 혜택을 극대화하려면 인간의 이기심과 합리성뿐 아니라 인내·사랑·믿음·희망 같은 미덕이 필요하다고 주장한다. 예컨대 시장 시스템이 원활히 작동하기 위해서는 거래자 간 신뢰가 중요하고, 사회 구성원 간 신뢰를 구축하려면 운이 없어 가난해진 이웃을 돌보는 것 같은 연민이 있어야 한다고 주장한다.

스미스는 상당한 재산을 사회에 기부했으니 자신의 이론을 실제로 실천한 학자라 할 수 있다. 스미스의 저서가 출간된 지 200년 이상 지낳음에도 아직까지 경제학자들에게 사랑받는 이유는 그의 자유경쟁 이론의 바탕에 인간에 대한 깊은 이해와 사랑이 있기 때문이다.

영미식 자본주의 또는 자유경쟁시장 이론의 가장 큰 결점은 극단적인 합리성으로 모든 인간 행위를 설명하려 한다는 점이다.

예컨대 어머니가 자식을 사랑하는 이유에 대해 합리적으로 설명해 보자. 어머니는 자식이 공부를 잘해 명문대에 합격하면 기쁘다. 어머니가 기쁜 이유는 두 가지다.

첫째는 명문대에 입학한 총명한 자식을 둔 어머니라서 기쁘다. 즉 자신의 우월한 유전자를 물려받아 자식이 명문대에 입학했다는 기쁨이거나 또는 자신의 양육 방법이 탁월했다는 일종의 자부심 때문에 기쁜 것이다.

둘째는 명문대에 입학한 자식이 기쁘기 때문에 어머니도 기쁘다. 시카고 대학 경제학자 게리 베커 Gary Becker의 표현을 빌리자면, 자식의 효용함수와 어머니의 효용함수는 동일하다는 것이다. 자식은 명문대에 입학해 앞으로 미래가 밝을 것이라 기대해 기쁘고, 어머니는 기뻐하는 자식을 보고 행복한 것이다.

하지만 어머니의 자식 사랑은 합리성으로 설명할 수 없는 측면이 있다. 베커처럼 자식을 어머니 효용함수의 투입 변수로 넣는 것은 사람을 수단으로 취급하는 행위다. 인간은 그 자체가 목적으로, 다른 사람을 수단으로 삼을 수 없다.

자식을 수단으로 삼는 어머니에게 열심히 공부도 하지 않고 온갖 악행을 저지르고 다니는 자식은 자신을 불행하게 만드는 골치덩어리

이므로 모자의 정을 끊어내야 할 것이다.

하지만 우리들의 어머니는 우리가 살인죄를 저질러 내일 사형을 당한다 할지라도 감옥 앞에서 뜬눈으로 밤을 새우며 기도를 드리는 존재다. 그리고 우린 그런 어머니를 결코 비난하지 않는다. 합리적 이론으로는 설명할 수 없는 사랑이 우리들의 어머니에게는 있다.

우리는 자식을 자신의 행복을 위한 도구로 취급하는 어머니를 비난한다. 마찬가지로 환자 치료 그 자체를 목적으로 삼는 의사는 존경하지만 환자 치료라는 수단을 통해 돈을 벌고 명성을 쌓으려는 의사는 경멸한다. 나라를 지키기 위해 목숨을 바친 군인은 존경하지만 돈을 벌기 위해 전쟁에 참여한 용병은 존경하지 않는다. 진리탐구를 위해 연구에 매진하는 교수는 본받으라 하지만 연구 성과를 수단으로 출세에만 급급한 교수는 학자라 부르지 않는다.

사업 그 자체를 목적으로 생각한 스티브 잡스는 존경하지만 사업이란 수단을 통해 돈 버는 것 자체만을 목적으로 삼는 상인은 탐욕스럽다고 한다.

'정승처럼' 벌어 정승처럼 쓰려면

우리 속담에 '개처럼 벌어 정승처럼 쓴다'라는 말이 있다. 이 속담의 어원은 정확히 모르지만, 상인은 온갖 악행을 저지르면서 부를 축적하기 때문에 사회로부터 용서를 구하려면 번 돈을 훌륭한 일에 쓰라는 취지인듯하다.

나는 이 속담을 통해 우리 국민이 기업인을 존경하지 않는 두 가지 이유를 생각해보려 한다.

첫째, 우리나라 기업인들은 그동안 '개처럼 벌어왔기' 때문에 국민이 기업인을 존경하지 않는다. 개처럼 버는 행위를 협의로 해석하면 부당한 방식으로 돈을 버는 행위를 의미한다. 기업은 원래 생산적인 혁신을 통해 사회 전체에 부가가치를 창출하고 그 대가로 이윤을 획득해야 하는 조직이다.

하지만 끊임없는 가치창출을 통해 기업 규모를 키우는 일은 그렇게 쉽지 않기 때문에 비생산적 혁신이라는 보다 용이한 방법을 택한다. 일부 국내 기업들의 매점매석, 독과점, 하청업체 압박, 대정부 로비를 통한 특혜 사업의 획득 및 관세장벽 구축 등이 그 대표적인 예이다.

그러므로 기업인이 개처럼 버는 행위를 막으려면 올바른 정부 제도를 구축해야 한다. 앞서 논의한 바와 같이, 기업인은 자신의 노력을 생산적인 혁신에 사용할지 아니면 비생산적인 혁신에 사용할지 선택권을 갖고 있다. 기업인이 어떤 선택을 할지는 생산적, 비생산적 활동 각각의 수익률에 따라 결정되기 때문에 국가의 법과 제도가 중요하다. 즉 정부는 올바른 제도를 확립해 기업이 생산적 혁신 활동에 전념할 수 있도록 해야 한다.

개처럼 버는 행위를 보다 광의로 해석하면 이는 기업의 목표 문제와 관련이 있다. 우린 개인의 돈벌이를 목표로 삼는 사업가를 존경하지 않는다. 일제 식민지 시절의 민족주의나 1960~70년대 고도 성장기의 사업보국같이 사업의 목표가 이타적일 때 상행위는 사회적으로 존경을 받을 수 있다. 스티브 잡스 같이 우리 생활을 새롭게 바꾸는 혁신적 제품개발 그 자체에 몰입하는 모습도 또다른 종류의 존경심을 불러일으킨다.

둘째, 우리 국민이 기업인을 존경하지 않는 또다른 이유는 사업을 통해 번 돈을 '정승처럼 쓰지' 않기 때문이다. 아무리 정당한 방법으로 획득한 이익이라도 극히 개인적인 용도로만 그 이익을 사용한다면 국민은 달갑게 생각하지 않는다.

갖은 고초를 겪으며 큰 회사를 일군 어떤 기업가는 사유재산권은 자본주의 사회의 근간이라고 주장하며, "자본주의 사회에서 내가 정당하게 노력해서 번 돈을 내 맘대로 쓰겠다는데 왜 왈가왈부하느냐"라고 말한다.

하지만 사업으로 성공한 사람들이 이렇게 생각한다면 국민은 사업가를 경멸할 것이다. 혁신의 혜택이 혁신가에게 집중된다면 우리는 혁신을 존경할 이유가 없기 때문이다.

기업가가 번 돈을 어떻게 쓰는지 우리가 관심을 갖는 또다른 이유는 그 사람의 사업 목표를 판단하기 위함이다. 어떤 사업가는 정부로부터의 특혜를 이끌어내기 위해 사업보국을 내세우며 자신의 사업에 대한 국민적 지지를 호소한다.

국민은 이 사업가가 진정한 애국심으로 사업을 하는 것인지 아니면 개인 축재를 위함인지 확인할 필요가 있다. 기업가의 사업 목표를 가장 확실히 알 수 있는 방법은 번 돈의 사용처를 확인하는 것이다. 사업보국을 아무리 부르짖어도 기업가가 번 돈의 대부분을 개인의 유흥비나 상속 목적으로 사용한다면 국민은 그가 내세웠던 기업 목표를 더 이상 신뢰하지 않는다.

국민은 기업의 품격을 원한다

2006년 노벨 평화상은 무하마드 유누스와 그가 총재로 재직하고 있는 그라민 은행으로 돌아갔다. 30년 전 빈곤의 나라 방글라데시의 이름 없는 경제학 교수였던 유누스는 세계 빈곤문제를 해결하고자 27달러의 사재를 털어 그라민 은행을 설립했다.

현재까지 그라민 은행의 혜택을 본 빈민은 수천만 명에 이른다. 변제 능력이 전혀 없어 보이는 가난한 사람에게 돈을 빌려주지만 대출금 상환률이 높아 매년 이익을 낸다고 한다.

그라민 은행과 같은 기업을 우리는 '사회적 기업'이라 부른다. 이들이 전통적 기업과 크게 다른 점은 그 목표가 다양한 사회 문제를 해결하는 데 있다는 점이다. 예컨대 그라민 은행의 목표는 이익 극대화가 아니라 세계 빈곤문제의 해결이다. 이익은 수단이고 빈곤 문제의 해결이 목표란 것이다.

최근 국내에서도 많은 사회적 기업이 설립돼 활발히 활동하고 있다. 한국사회적기업진흥원에 등록된 사회적 기업만 해도 아름다운 가게 등 676개에 이른다.

그러나 일부 경영학자들은 사회적 기업을 기업의 한 종류로 분류하는 것 자체를 반대한다. 기업이라면 정부의 지원금이나 국민의 성금에 의존하지 않고 자신의 비즈니스 모델을 통해 지속 가능한 이익을 창출할 수 있어야 한다. 하지만 대부분 사회적 기업은 그렇지 못하다. 사회적 기업의 고결한 취지에는 경의를 표하지만 일시적인 유행으로 끝날 것이라고 예측하는 경영학자들도 있다.

우리 사회에서 기업이 차지하는 비중이 커지면서 기업에 대한 국민의 요구 수준이 높아지고 있다. 기업이 작을 때 우리는 어느 정도 이익추구 행위를 용인한다. 조기 퇴직한 가장이 가족을 먹이기 위해 음식점을 개업하고 밤낮없이 일에 매진하는 모습은 아름답기까지 하다.

하지만 큰 기업이 이익을 많이 내면 그 기업이 이익을 내는 과정에서 정당하지 않은 방법을 사용하지 않았는지, 다른 작은 기업에게 피해를 주진 않았는지, 이익을 소수의 사람이 개인적 용도로 사용하지는 않았는지 간섭하고 싶어한다.

국내 대기업들은 요즘 이런 사회적 요구에 부응하여 메세나, 사랑의 집짓기, 장학사업, 장애인 고용 등 다양한 사회 공헌 활동에 적극적이다. 국익에 앞장서고 있다는 인상을 주기 위해 수출 비중이 크다는 사실을 강조하거나 일자리 창출에 적극적인 모습을 보이는 기업도 있다. 기업도 나름대로 사회적 품격을 갖추려고 노력한다.

이러한 노력에도 불구하고 대중은 그들의 노력이 미흡하다고 생각한다. 사회적 기업의 출현은 그동안 국민의 기대에 부응하지 못한 전통적 기업에 대한 사회적 대안으로 해석할 수 있다. 즉 기업이 국민이 원하는 수준의 사회적 책임을 성실히 수행했더라면 그라민 은행과 같은 사회적 기업이 필요치 않았다는 것이다.

하지만 기업은 기업대로 하고 싶은 말이 많은 것 같다. 그 중 하나는 다차원적 목표를 가진 조직은 빠르게 성장하기 어렵다는 주장이다.

기업이 인류 역사상 그 어느 조직보다 빠른 성장을 한 이유로 그 목표가 이익 극대화라는 단순성에 있다는 점을 어느 정도는 인정한다. 이익추구는 인간의 보편적 본성이므로 열심히 회사를 성장시키는 강력한 동기부여가 될 수 있다. 또한 이익추구라는 단일 목표는 측정하기도 용이하고 회사 구성원들을 하나로 결집시키는 데 일종의 방향키 역할을 할 수 있다.

반면 다차원적 목표를 가진 조직은 선장이 여러 명인 배와 같아 어느 방향으로 조직이 가야 할지 우왕좌왕한다. 공기업이 비효율로 질타의 대상이 되는 이유도 따지고 보면 이익창출과 사회복지 극대화라는 다차원적 목표를 갖고 있기 때문이다. 밀튼 프리드먼이 기업이 이익추구 이외의 사회적 목표를 설정하는 것을 반대한 것도 이런 이유 때문이었을 것이다.

그러나 사회가 기업에 대해 기대하는 바는 이익추구라는 단일 목표 그 이상이다. 미래 기업은 끊임없는 혁신을 통해 이익을 지속적으로 창출하면서 동시에 국민이 원하는 사회적 목표를 충족시켜야 하는 두 마리 토끼를 잡아야 한다.

기업은 사회적 가치를 존중해야 한다

동서양을 막론하고 상업은 양육, 정치, 운동, 교육 같은 다른 인간 행동보다 저급한 행위로 여겨졌다. 이는 상업에 종사하는 목적이 너무 이기적이고, 돈을 벌기 위해 주변의 모든 이해관계자를 수단으로 삼는다는 사회적 정서 때문이다.

영미 자본주의가 세계로 전파되면서 상인의 위상이 예전에 비해 한층 격상됐다고는 하지만 아직도 상인을 존경하는 사회를 찾기란 그리 쉽지 않다. 반기업 정서도 따지고 보면 기업이 추구하는 가치가 다른 인간 행위보다 열등하다는 생각이 사회 저변에 깔려 있기 때문일 것이다.

영국 경제학자 존 케이는 상행위의 도덕적 판단을 배제하려는 일련의 세태를 경계한다. 그는 이익추구가 기업 목표라고 자랑스럽게 말하는 지식인이나 경영자를 신랄하게 비판한다.

밀튼 프리드먼은 법이 정한 테두리 내에서 이익을 극대화하는 것이 기업의 목표라고 주장한다. 어떤 경영학 교수는 기업의 목표가 '주주가치의 극대화'라고 학생들에게 가르치기도 한다. 기업이 종업원과 고객을 만족시키기 위해 노력하고 환경 문제에 적극적인 이유도 결국 주주의 이익을 극대화하기 위함이라고 말한다.

스캇페이퍼Scott Paper의 최고경영자를 지낸 알 던랩Al Dunlap은 한술 더 뜬다. 그는 "비즈니스 세계에선 상업적인 계약 관계만 존재한다"고 단호하게 말한다. 그러므로 타인에 대한 의무는 상대방이 자신에게 돈을 지불한 경우에만 성립한다는 것이다. 인간적 관계와 비즈니스 관계를 명확히 구분해야 한다는 말이다.

존 케이는 이런 천박한 세태를 비판하며, 큰 사업을 이룬 위대한 기업인은 결코 이익을 목표로 삼지 않는다고 주장한다. 이익은 훌륭한 경영활동의 결과이지 목표가 될 수 없다는 말이다. 디즈니 역시 종업원들에게 돈을 벌어오라고 말하지 않고 고객이 디즈니를 통해 진정한 재미를 느끼도록 노력하라고 지시한다.

혁신이 지속되는 사회를 만들려면 혁신가가 존경을 받는 사회를 만들어야 한다. 지난 200여 년간 상업 혁신의 주역인 기업은 인류에게 상상하기 어려운 물질적 풍요를 가져다 주었다. 상인과 기업에 대한 사회적 존경은 이런 상업 혁신을 지속시키기 위한 필요 조건이다. 상업 행위를 다른 인간 행위보다 저급한 행위라고 생각하면서 상인이나 기업을 존경하기란 쉽지 않다.

존 케이는 기업은 다차원적 목표를 가져야 한다며 '이해관계자 자본주의stakeholder capitalism'를 주장한다. 고객의 욕구를 충족시키고, 종업원에게 위대한 사업을 수행하는 일원으로서 자부심을 갖도록 하고, 투자자에게 적절한 수익률을 제공하고, 지역사회 발전에 이바지해야 한다는 것이다. 이익이나 주주만을 위해 존재하는 조직이라면 국민 전체로부터 존경받을 수 없다는 것이다. 기업은 사회가 허용한 조직이므로 사회적 가치에 헌신해야 한다는 것이다. 이런 관점에서 기업의 목표는 대학이나 병원 등 다른 사회 조직의 목표와 다를 바가 없다는 말이다.

기업의 목표가 이익 극대화나 주주가치 극대화라면 이익 또는 주가로 그 목표 달성 정도를 용이하게 측정할 수 있다. 반면 이해관계자 자본주의는 결국 국민 모두에게 헌신하는 것이니 그 목표가 모호하고 잘 하고 있는 것인지 측정하기도 어렵다.

하지만 대부분 인간 행위는 다차원적 목표를 갖고 있어 점수를 매기기 쉽지 않다. 훌륭한 부모·교사·운동선수·의사가 정확히 무엇을 의미하는지 사람마다 생각이 다르다. 돈을 많이 벌어 자식에게 강남 최고의 사교육을 받을 수 있도록 한 부모와 생활고로 사교육은커녕 자식과 보낼 여유로운 시간조차 없지만 항상 자식의 성공을 마음속에 담고 사는 부모 중 어느 편이 훌륭한 부모인지 평가하기 어렵다.

어떤 사람은 아베베를 올림픽 마라톤 2연패의 위업을 달성한 아프리카 최고의 운동선수로 기억하지만, 또다른 사람은 교통사고로 하반신이 마비된 후 장애인 올림픽에서 양궁으로 금메달을 따낸 아베베를 더 기억하고 싶어한다.

기업이 사회에서 존경을 받으려면 훌륭한 기업인이 해야 할 일이나 훌륭한 부모·의사·교사·운동선수가 해야 할 일이나 다르지 않아야 한다. 우리는 돈벌이가 우선인 의사나 운동선수를 경멸하듯 이익을 목표로 삼는 기업인을 탐욕스럽다고 조롱한다. 지식인의 진리탐구나 의사의 환자 치료는 '삶의 신성한 목표'가 될 수 있지만 기업인의 이익 추구는 그렇지 못하기 때문이다. 이익은 다른 신성한 목적을 달성하기 위한 수단일 뿐이란 것이다.

기업인들은 기업의 목표가 경제적 문제에서 사회적 문제로 바뀌는 세상에 살고 있다는 사실을 유념해야 할 것이다.

반기업 정서를 진정시킬 리세스 오블리주

우리 국민들의 반기업 정서는 걱정스러울 정도로 뿌리깊다. 세계 최고 수준으로, 이런 사회적 분위기 때문에 경영자들은 기업할 기분이 아니라고 불평이다. 기업단체들마다 반기업 정서의 원인을 분석하고 이를 극복하기 위한 다양한 프로그램을 내놓았지만 별 효과가 없다.

여러 경제단체나 언론기관의 조사에 따르면 우리나라 반기업 정서의 가장 중요한 원인은 정경유착과 족벌경영이라 한다. 즉 재벌 또는 소수의 부자가 반기업 정서의 원인을 제공했다는 것이다. 그러므로 반기업 정서를 극복하기 위한 출발점은 지난 60년간 한국의 비약적 경제성장과 함께 천문학적인 부를 축적한 재벌에서 찾아야 한다.

미국에서도 반기업 정서가 전혀 없는 것은 아니지만 우리에 비하면 그 정도가 미미하다. 미국인들은 재벌을 우리처럼 부정적으로만 바라보지 않는다. 그러나 100년 전에는 미국인들 역시 재벌을 중세시대의 사악한 귀족으로 비유하며 '노상강도 귀족robber baron'이라 불렀다.

당시 미국인은 앤드루 카네기와 존 록펠러 같은 위대한 영웅을 중소기업을 상대로 부당행위를 일삼고, 독점적 행위를 통해 가격을 올리고, 금융 공황이나 경기 침체의 원인을 제공하는 등 온갖 악덕 행위를 일삼는 기업인으로 여긴 것이다.

카네기, 록펠러, 포드 등 재벌이 주역으로 활동하던 1870년부터 1920년까지 50년 동안 미국 국민총생산은 8배가 늘었고 일인당 국민총소득 역시 3배로 급성장했다. 세계 경제 주도권이 영국에서 미국으로 넘어간 것도 이 때이다. 미국을 오늘날 세계 최대 경제대국으로 만든 주역이 바로 재벌이란 것이다.

이들이 기업을 성장시킨 과정도 독점을 통해 고객으로부터 독점 이윤을 챙기거나 종업원에게 경쟁사보다 낮은 임금을 지불하는 등 부당한 방법에 의존했다기보다는 혁신에 의존한 바가 크다.

카네기는 새로운 조직 운영 방식과 함께 경쟁사보다 훨씬 저렴하게 철을 제조하는 방법을 고안해냈고, 록펠러 역시 원유 수송 비용을 획기적으로 개선했다. 1870년 100달러였던 철로 가격이 1900년에 25달러까지 떨어지도록 한 사람이 카네기였고, 1870년 배럴당 3.5달러이던 원유를 1900년 90센트까지 인하시킨 사람은 록펠러였다. 또한 카네기는 무일푼으로 사업을 시작했고 정부로부터 그 어떤 특혜도 받은 적이 없다.

그럼에도 불구하고 당시 미국인들이 재벌에 대해 부정적인 이미지를 가졌던 이유는 객관적인 사실에 근거했다기보다 언론이나 지식인들의 선동적인 평가 때문이었다.

1870년 미국의 평균 소득은 2,460달러(1990년 가격으로)였는데, 1900년에는 4,100달러로 불과 30년 만에 66퍼센트나 증가했다. 이와 같은 수준의 국부 증가를 재벌의 노상강도 짓의 결과로 보는 것은 어불성설이다. 하지만 미국 재벌은 대중들에게 오랫동안 온갖 악행을 저지르는 악당으로 남아 있었다.

그러나 오늘날 미국인은 이들 노상강도를 위인으로 떠받든다. 19세기 말 미국 사회에 팽배했던 반기업 정서를 극복하는 데 가장 핵심적인 역할을 담당한 집단은 다름 아닌 바로 반기업 정서의 원인을 제공했던 재벌이었다. 노상강도 취급을 받던 바로 그 사람들이 반기업 정서를 종식시키기 위해 자선 활동에 적극적으로 참여한 것이다.

카네기는 "인생 전반기에는 부의 축적에 매진하고 후반기에는 축적한 부를 사회복지를 위해 나누는 데 힘써야 한다"는 그의 신념을 몸소 실천했다. 그는 1902년 카네기 재단을 설립, 1919년까지 무려 3억 5천만 달러에 달하는 그의 전 재산을 사회에 기부했다.

카네기는 재단을 통해 미국 전역에 2,811개의 공공도서관을 설립하고, 7,689개의 교회에 오르간을 기증했다. 그는 부의 집중은 건전한 사회 발전을 저해한다고 생각했다. 식품처럼 "재산에도 유효기간이 존재하기 때문에 너무 오래 묵혀두면 부패한다"고 믿었다.

이런 카네기의 정신을 계승하여 이후 록펠러, 포드 등 재벌들도 천문학적인 재산을 사회에 환원한다.

미국의 초·중·고 교과서에는 수많은 재벌이 위인으로 등장한다. 한때 노상강도로 치부하며 혐오했던 카네기, 록펠러, 포드 같은 기업인을 미국이 낳은 대표적인 위인으로 존경하는 이유는 이들이 축적했던 재산의 규모 때문이 아니라 인생 후반기에 이들이 베푼 자선 때문이다.

자본주의 사회에서는 재산의 많고 적음에 따라 계층이 나뉘고 이 계층 구분이 심화될수록 계층 간 갈등이 야기될 가능성은 높아진다. 부자의 도덕적·사회적 의무, 즉 '리세스 오블리주Richesse Oblige'야말로 자본주의 사회의 계층 간 갈등을 진정시킬 최고의 미덕이라 생각한다.

한국의 재벌은 탁월한 재능과 통찰력으로 기업을 세계 최고 수준의 기업으로 키웠을 뿐 아니라 지난 60년간 우리 경제가 경이로운 발전을 이룩하는 데 중추적 역할을 했다.

그들의 경영 관리 방식과 인적자원은 중소기업으로 퍼져 한국 기업의 수준을 한 단계 업그레이드하는 역할을 했다. 그들의 기업, 제품, 브랜드는 한국전쟁, 가난, 입양아 이미지의 대한민국을 경제 성장, 근면, 역동성의 이미지로 바꿔놓았다. 그들은 분명 한국을 대표하는 거상으로 나 같은 경영학자들의 자존심이라 할 수 있다.

그러나 이런 눈부신 업적에도 불구하고 재벌을 존경하는 한국인은 그리 많지 않은 것 같다. 우리 재벌은 국민들의 반기업 정서 때문에 기업하기 어렵다고 말한다. 하지만 미국 재벌들이 존경받게 된 과정을 보면 이런 반응은 부끄러운 일이다. 결자해지結者解之라 하지 않았던가. 반기업 정서의 원인을 제공한 이들이 사회적 약자를 위해 적극적으로 행동해야 할 때이다.

국내 기업의 최고경영자들은 최근 인문학 강의에 부쩍 관심이 많아졌다. 경제적 가치만을 추구하는 기업은 지속 가능한 사회조직이 될 수 없다는 사실을 깨닫고 미래 기업과 기업인이 가야 할 방향을 경영학이 아닌 인문학에서 찾아야 하는 시대 변화를 반영한 현상이라 생각한다.

우리나라 어린이들도 존경스런 한국 기업인의 전기를 읽을 수 있는 날이 하루 빨리 오길 학수고대한다. 우리 국민이 상인을 존경하는 날, 나 같은 경영학자들도 인문학자들처럼 존경을 받을 수 있을지 모르겠다.

자선이나 세금으로 가난을 해결할 수 없다

1901년 카네기는 자신의 회사를 JP모건에 3억 달러에 매각해 세계 최고 부자가 되었다. 오늘날 가치로 따지면 우리 돈으로 약 100조 원에 가까운 금액이다.

그가 전 재산을 사회에 기부하기 일 년 전의 일이었다. 한 사회주의자가 카네기의 집무실을 방문해 "당신 같은 부자는 재산을 가난한 사람들에게 고르게 나눠줘야 한다"고 호통을 쳤다. 카네기는 이 사회주의자에게 아무런 답도 하지 않고, 비서에게 자신의 당시 재산 규모와 세계 총인구를 조사해 오라고 했다. 비서가 돌아오자 그는 잠시 계산을 하더니 비서에게 "이 신사분께 16센트를 드리십시오. 그것이 내 재산에 대한 신사분의 몫"이라고 했다.

카네기의 이 일화는 우리에게 두 가지 교훈을 준다. 첫째는 부자의 자선 행위 그 자체로 가난이 해결되는 것은 아니라는 것이다. 현재 세계 최고 부자인 멕시코 통신재벌 카를로스 헬로의 총재산은 690억 달러이다. 세계 총인구가 약 70억이니, 헬루가 전 재산을 사회에 기부한다 해도, 일인당 돌아가는 금액은 10달러 미만이다.

현재 빌 게이츠와 워렌 버핏 주도로 미국 400대 부자를 대상으로 진행하고 있는 재산 50퍼센트 기부 캠페인의 경우도 사정은 마찬가지다. 미국 400대 부자 모두가 재산의 반을 기부한다면 총액은 약 6,000억 달러, 일인당 돌아가는 금액은 100달러 정도밖에 되지 않는다.

다시 말해, 카네기의 기부가 갖는 사회적 의미는 기부액 그 자체 때문이 아니라는 것이다. 당시 미국을 대표하는 부자가 전 재산을 사회에 기부했다는 사실이 중요한 것이다.

인류의 가난 문제를 해결하는 데 있어 그의 기부금 자체가 미친 영향보다 카네기 철강이 이룩한 생산성 및 경영 혁신의 영향력이 수백 배 클 것이고, 그의 기부로 부자에 대한 국민의 인식 변화의 긍정적 효과가 수천 배 크다는 것이다.

카네기 일화가 우리에게 주는 두 번째 교훈은 부자에 대해 아무 근거 없이 부정적 시각을 갖는 사람들에 대한 경계이다. 카네기를 찾아간 사회주의자 같은 사람들이 많은 사회에선 부자들의 기부 행위를 기대하기 어렵다는 것이다. 축재에 대한 부자의 노력과 재능을 인정해 주는 사회적 분위기가 조성돼야 부자들은 따뜻한 사회에 보답하고자 재산을 사회에 환원한다는 것이다.

카네기를 찾아간 사회주의자 같은 행동으로는 부의 불평등 문제를 결코 해결할 수 없다. 부자에 대한 높은 세금 역시 같은 이유로 반대다. 세금은 징벌적, 강제적 요소를 갖고 있기 때문에 부자는 자신이 정당하게 노력한 결과물을 빼앗긴다는 기분이 들고 부자에 대한 존경심 역시 더욱 나빠질 위험이 있기 때문이다.

예를 들어 연간 소득이 10억인 부자가 현재 소득세로 4억을 납부한다고 하자. 부유세가 신설돼 추가로 2억의 세금을 더 납부해야 한다면, 이 부자는 자신의 노력과 열정으로 번 돈을 일순간의 정책 변화로 빼앗긴다는 생각이 들 것이기 때문에 혁신의지가 꺾일 것이다. 또한 4억의 세금을 납부하던 부자가 6억을 낸다고 다른 국민들이 그들을 더 존경하는 것도 아니다. 당연히 해야 할 일을 한 것이라고 생각할 것이다.

반면 부유세로 2억의 추가 세금을 징수하는 대신 부자가 자진해 2억을 사회에 기부하는 경우를 상상해 보자. 자신의 의지로 사회에 기부한 것이니 부자의 혁신 의지는 꺾일 이유가 없다. 오히려 남을 돕는다는 자부심을 갖게 돼 혁신 의지가 더욱 올라갈 가능성도 있다.

또한 다른 국민들은 자유의지로 사회에 2억의 기부를 한 이 부자를 존경할 것이다. 그리고 부자에 대한 국민의 존경심이 높아지면 부자는 더 열심히 혁신 활동에 매진할 것이다. 이것이 바로 기부금으로 만들어진 2억과 부유세로 만들어진 2억의 차이인 것이다.

부자에 대한 한국인의 시각은 항상 부정적이었다. 식민지 시절에는 일제에 아부하며 축재를 했고, 해방 후에는 미군정과 정부에 잘 보여 적산기업을 헐값에 불하받았고, 이후엔 정치인과 결탁해 특혜 사업을 독점하며 오늘날 재벌이 탄생했다고 많은 사람들은 생각한다. 하지만 지난 60년간 한국 경제의 기적을 이룬 중심에는 재벌의 혁신이 있었다는 점 역시 사실이다.

나 역시 국내 모든 재벌이 순수하게 제품혁신이나 시장개척 등 생산적인 방식을 통해서만 만들어졌다고 주장하는 것은 아니다. 재벌 성장 초창기에는 국가 자원의 대부분을 정부가 관리하고 있었기 때문에 정부와 협력하지 않고는 대규모 사업에 참여조차 하기 어려웠다. 재벌이 정부를 부패시킨 것이 아니라 정부가 재벌을 부패시켰다는 것이다.

당시 대부분 자원과 권력을 독점하던 정부가 사회적으로 올바른 일을 하는 자에게 혜택을 주었다면 재벌은 그렇게 했을 것이다. 재벌은 정부를 상대로 일종의 게임을 해야 했던 시대였다는 것이다. 재벌은 성자는 아니지만, 그렇다고 강도 역시 아니었다는 말이다.

상업혁신이라는 소중한 가치를 지키기 위해 우린 재벌을 사랑해야 하고, 또 재벌은 국민의 존경과 사랑에 보답해야 한다. 카네기는 자신을 "세상의 재산을 지키는 청지기"라 생각했다. 그는 재산 불리기의 천재인 동시에 부자로 죽는 것을 불명예스럽게 생각한 진정한 청지기였다. 모든 부자들이 카네기처럼 리세스 오블리주를 실행한다면 일인당 국민소득 100만 달러도 결코 먼 미래의 꿈이 아닐 것이다.

사회지도층에게 요구되는 도덕적 의무

물질적 풍요를 누리려면 상인을 존경해야 하고, 국가의 각 분야가 발전하려면 해당 분야의 지도자를 존경해야 한다. 기업인을 존경하지 않고는 세계적인 기업인을 배출할 수 없고, 언론인을 존경하지 않으면 유능한 인재들은 기자 되기를 꺼려할 것이고, 정치인을 존경하지 않는다면 국가적 사명감은 찾아볼 수 없는 탐욕스런 정치인들만 정치를 하려 할 것이다.

사회 지도층은 우리의 미래를 결정짓는 사람들이기 때문에 그들이 존경받지 못하는 사회는 미래가 없다. 사회 지도층이 존경받는 사회를 만들자는 말이다. 100여 년 전 카네기의 자선 행위로 미국인들의 재벌에 대한 시각이 바뀌었고, 기업인을 존경하는 문화는 미국의 최대 경쟁력이 되었다.

마찬가지로 최근 우리나라 연예인들의 잇따른 선행 소식은 연예인을 딴따라 정도로 취급했던 국민들의 시각을 바꿔놓았고, 이런 변화는 향후 연예인의 사회적 영향력을 한층 키우는 계기가 될 것이라 확신한다.

그런데 우리 사회 지도층은 한마디로 경박재자輕薄才子, 즉 재주는 있지만 경박한 사람들로 넘치는 것 같아 걱정이다. 요즘 사회 지도층 인사들 중에 존경할 만한 사람이 별로 없다고 하는 이유는 그들이 재주가 없어서가 아니라 경박하기 때문이다.

경박한 문화의 확산이 우리나라에 국한된 현상으로 보이진 않지만, 우리나라는 그 정도가 특히 심한 것 같다. 연구비 몇 푼 더 챙기겠다고 논문 표절조차 마다하지 않는 교수부터 비리를 저지른 동료 법조인에게 온정을 베푸는 판사까지 그 유형도 다양하다.

품위 있는 사람의 인생 철학에는 향기가 있다. 일평생을 사회 약자를 위한 봉사로 보낸 종교인이나 진리를 찾아 한결같이 연구에 매진하는 과학자에게는 범접할 수 없는 삶의 격조가 있고 향기가 있다. 반면 지위 고하를 막론하고, 물질적 가치나 쾌락적 욕구 충족을 위해 사는 소위 '속물'들의 삶에서는 구린내만 날 뿐이다.

물질적 가치를 추구하는 삶부터 자아실현 같은 정신적 가치를 추구하는 삶까지, 생의 목적이나 방식은 극히 개인적인 선택의 문제일 것이다. 그러나 어떤 국가에서나 사회 지도층에게는 매우 도덕적인 인생관을 요구한다. 품격 있는 인생관은 사회 지도층이 가져야 할 일종의 의무라고 일반인들은 여기기 때문이다.

노블레스 오블리주Noblesse Oblige, 즉 사회 지도층에게 유별난 도덕적 의무를 강조하는 이유는 그들의 의사결정이 사회 구성원 전체에 영향을 미치기 때문이다. 또한 사회 지도층은 일반 국민이 향유할 수 없는 돈, 관심, 명예 같은 혜택을 누리기 때문에 그에 따른 사회에 대한 책무도 높을 수밖에 없다.

경박한 국민이 위대한 국가를 건설한 예는 없다. 지도층이 격조와 품격을 갖추지 못한 경우는 더욱 그렇다. 역사학자 에드워드 기번Edward Gibbon은 최고의 물질적 풍요를 누렸던 로마제국 멸망의 원인으로 저속한 로마 국민의 정신적 가치를 들었다.

사회 지도층이란 사회에서 중요한 일을 담당하는 사람으로, 국민이 이들을 존경하지 않는다는 사실은 곧 사회의 중요한 사안들이 공정하게 처리되고 있지 않음을 의미한다. 경제적 문제가 어느 정도 해결된 선진국들은 사회 지도층에게 재능보다 품격을 더 요구하는 이유가 바로 여기에 있다.

몇 년째 전 세계 경기가 심상치 않다. 고물가 및 고용 악화로 소비심리가 위축되면서 내수경기는 최악이다. 그러나 대한민국 미래가 걱정되는 것은 경제 성장률 몇 퍼센트 떨어졌기 때문이 아니라 본받고 싶은 사회지도층이 쉽사리 떠오르지 않기 때문이다. 진리탐구에 정진하는 학자, 국민 경제 부흥에 전력하는 기업가, 좋은 사회를 만들기에 매진하는 정치인 이름이 잘 떠오르지 않는 점이 걱정스럽다.

미국이 강국인 이유는 그들이 누리는 물질적 풍요 때문이 아니다. 빌 게이츠나 워런 버핏 같이 막대한 재산을 사회에 기부하는 부자들이나 한눈 팔지 않고 진리탐구에 정진하는 학자나 예술가가 미국을 지탱하는 버팀목인 것이다.

오래전 일이지만 당시 상당한 시청률을 기록했던 〈칭찬합시다〉라는 TV프로그램이 생각난다. 칭찬받은 사람이 자신이 가장 칭찬하고픈 사람을 지명해 릴레이 형태로 이어가는 방식이었다.

당시 칭찬받은 주인공들은 대부분 평범한 서민들이었지만 그들의 깊은 주름과 때묻은 얼굴에서 '삶의 품격'을 느낄 수 있었다. 어쩌면 대한민국의 희망은 사회 지도층이 아니라 보통 사람들에 있는지도 모른다.

대기업과 중소 벤처기업의 균형적 발전이 필요한 때

최근 국내 전체 제조업 매출 중 10대 재벌기업이 차지하는 비중이 40퍼센트를 넘어서는 등 대기업의 경제력 집중 현상이 더욱 심화되고 있다.

개인 간 소득 불균형이 사회 발전을 저해한다는 원칙은 기업 간에도 그대로 적용된다. 전체 소수의 기업에 경제력이 집중됨에 따라 최소 두 가지 부작용이 나타난다. 첫째는 기업 규모가 커지면서 나타나는 조직의 비효율성이고 둘째는 대기업의 경제적 자원 독점으로 중소기업의 발전이 위축된다는 점이다.

대부분의 경영학자들은 기업 규모 확대에는 한계가 있다고 믿는다. 즉 기업의 규모가 커진다는 것은 경영자에게 축복임과 동시에 저주이다. 매출액이 늘면 원자재를 구매할 때 물량 할인을 받을 수 있고, 대출을 받을 때 보다 낮은 금리를 요구할 수도 있다. 영업 및 마케팅의 효율성이 높아지거나 시장지배력이 강화되기도 한다. 대기업의 강점은 규모의 경제를 통한 효율성 제고에 있다고 할 수 있다.

그러나 일정 규모 이상으로 기업이 커지면서 규모의 비非경제가 작용하기 시작해 경영 효율성이 오히려 떨어지기도 한다. 종업원이 많아지면서 비생산적인 '사내社內 정치'가 횡행할 뿐 아니라 조직 경직화로 환경 변화에 신속히 대응하지 못한다.

과거 성공 경험에 집착하는 '성공의 덫'에 빠져 변화나 혁신에 부정적으로 반응하는 경향이 있다. 대기업은 규모의 비경제로 매우 비효율적인 조직으로 전락할 가능성이 있다는 얘기다. 재벌 기업이 회사를 분리해 여러 계열사를 거느리는 여러 이유 중 하나도 이런 규모의 비경제를 극복하기 위함이다.

대기업의 경제력 집중을 우려하는 보다 더 중요한 이유는 이로 인해 중소기업 성장이 위축될 가능성 때문이다.

《매일경제》 칼럼에서 이명박 정부 초기의 친대기업 정책을 비판한

적이 있다. 당시 대통령은 경제 살리기를 국정 최대 목표로 삼았다. 대기업이 우리 경제에서 차지하는 절대적 비중이 크기 때문에 합리적인 정책이라 판단했던 것 같다. 대통령 자신이 과거 대기업 경영자로 일하면서 한국 경제 성장에 동참했던 경험도 일조를 했으리라 생각한다.

그러나 침체에 빠진 우리 경제를 되살릴 수 있는 방법으로 대기업을 택한 것은 경제 성장의 원리를 제대로 이해하지 못한 선택이었다.

경제 성장의 핵심은 기업가 정신이고, 기업가 정신은 중소 벤처기업의 강점이다. 이미 성장해버린 대기업에서는 기업가 정신의 발현을 기대하기 어렵다. 기업규모가 커지면 규모의 비경제가 작용하여 변화나 혁신을 기대하기 어렵기 때문이다. 미래 대한민국 경제 발전의 견인차는 이미 대기업으로 성장해버린 기업이 아니라 기업가 정신으로 충만한 중소 벤처기업이라는 말이다.

경제 성장은 중소 벤처기업이 대기업으로 성장하는 과정에서 자연히 이뤄진다. 예컨대 지난 반세기 대한민국의 경제 기적은 1938년 설립한 삼성상회나 1946년 설립된 현대자동차공업사 같은 중소기업들이 각각 삼성그룹과 현대그룹이라는 대기업으로 성장한 결과라 할 수 있다.

찰스 핸디는 미국의 새로운 자본주의를 "코끼리와 벼룩의 시대"라 표현했다. 대기업(코끼리)은 효율성, 풍부한 자원, 신뢰, 고용을 제공하지만 몸집이 커 느리고 새로운 아이디어를 내기 어렵다.

반면 중소 벤처기업(벼룩)은 몸집이 가벼워 변화에 민감히 반응하고 위험 부담이 큰 혁신에 과감히 도전한다. 그래서 벤처기업은 실패 가능성이 높다. 몇 개의 벤처가 대기업으로 성장하기 위해서는 수많은 벤처의 씨앗이 필요하다. 국가가 지속적인 혁신을 유지하기 위해서는 대기업과 중소 벤처기업의 균형적 발전이 이뤄져야 한다.

최근 중소기업 지원 정책을 사업자금 지원 등 직접적인 지원에서 생산성 제고를 위한 컨설팅 같은 간접 지원으로 바꾼다는 정부 발표가 있었다.

일부 선진국들이 간접 지원에 주력하고 있기는 하지만 아직 우리 중소기업들은 간접 지원만으로 버틸 수 있을 만큼 사회경제 여건이 호의적이지 않다. 우수 인재가 중소기업으로 갈 수 있도록 하고 장기적인 기술 개발에 필요한 자금을 지원해 주는 정책을 지속적으로 추진해야 할 것이다.

월간 《현대경영》에 의하면 1965년 100대 국내기업 중 2004년까지 생존한 기업은 불과 12개였다고 한다. 이 통계를 접한 대다수 경영학자들은 수많은 경영위기를 극복하며 50년 이상 살아남은 12개의 장수기업에 주목한다.

그러나 나는 이들 장수기업엔 별 관심이 없다. 대신 한때 무명의 중소기업이었지만 2004년 100대 기업 리스트에 새롭게 이름을 올린 88개의 기업에 주목한다. 이들 기업이야말로 지난 수십 년 한국 경제 발전의 원동력이 된 기업이고, 오늘날 중소기업 경영자들의 꿈과 희망이기 때문이다.

정부가 아닌 기업의 자발적 노력으로 함께 성장하자

대기업 경제력 집중으로 직접적인 영향을 받는 중소기업이 대기업 하청업체들이다. 대기업의 규모가 커지면서 자신의 매출도 증대되는 긍정적 효과를 기대했는데 공급 단가를 그 이상 인하해 예전보다 더 어려워졌다는 불평이 많다. 중소 하청업체들은 자신의 매출의 대부분을 차지하는 단일 대기업을 상대로 공정한 협상이 이뤄진다는 것은 불가능하기 때문에 정부가 나서야 한다고 주장한다.

2011년 2월 23일 동반성장위원회는 대기업과 중소기업의 상생을 위한 추진 계획을 발표했다. 56개 대기업을 대상으로 동반성장 과업을 성실히 수행했는지 평가해, 그 점수를 공개하겠다는 것이 골자이다.

동반성장위원회는 표면적으로 정부의 개입을 배제한 민간 위원회라고 하지만 실상은 대기업의 경제력 집중을 더 이상 좌시하지 않겠다는 정부의 입장을 대변하는 기관이다. 사안의 중요성을 고려해 정운찬 전 총리가 위원장을 맡았다.

위원회 출범과 함께 위원장은 언론과의 인터뷰에서 상생 우수 기업에게 세제 혜택과 같은 보상을 제공하는 정책과 대기업이 목표 초과이익이 발생한 경우 협력사의 기여도 등을 평가해 초과이익의 일부를 나눠주는 '초과이익 공유제'를 언급했다.

나는 당시 《조선일보》 칼럼을 통해 동반성장위원회의 목적과 향후 활동에 대해 비판했다. 건전한 경제 생태계로의 발전을 위해 대기업과 중소기업의 균형적 발전이란 명제에는 동의하지만 정부가 나서 동반성장 평가점수를 공개하고 이익공유제 같은 징벌적 규제를 하는 것은 바람직하지 않다고 생각했기 때문이었다.

동반성장의 구체적 내용이 무엇이든지 민간 기업이 자발적으로 하는 일이라면 아무 문제가 없다. 하지만 정부 주도의 강압적인 동반성장 정책은 기업 간 갈등만을 야기할 뿐 실효를 거두기는 어려울 것이다.

정부 주도의 동반성장 정책은 현실적으로 추진하기 쉽지 않다. 대기업에게는 대안이 있기 때문이다. 국내 협력업체로부터 부품을 구입하는 대신, 수직계열화를 통해 자신이 직접 부품을 생산할 수도 있고, 해외업체로 구입선을 교체할 수도 있다. 대기업이 현재 국내 협력업체로부터 부품을 구매하는 이유는 그 방법이 가장 저렴하기 때문이라는 경영 논리를 망각하지 말아야 한다.

동반성장과 관련해 정부가 해야 할 일과 민간이 해야 할 일이 따로 있다. 그동안 하청업체와의 관계에서 끊임없이 지적되어 온 접대 요구, 사업 영역의 침범, 일방적 계약 파기와 같은 문제를 바로잡는 것은 정부의 몫이다.

그러나 동반성장 점수를 매겨 우수 대기업에게 세제 혜택을 제공하는 일은 정부가 나설 문제가 아니다. 협력업체에 많은 자금을 지원한 대기업은 높은 동반성장 점수를 받을 것이고, 그 결과 정부로부터 조세 감면을 받는다는 것이 주요 골자인데 중소 협력업체에 자금을 지원할 목적이라면 복잡한 절차를 거치지 않고 정부가 직접 협력업체에 자금을 지원하는 편이 옳다.

대기업과 중소기업이 상생하라고 정부가 주도해 위원회를 만들고 동반성장 점수를 채점하는 나라는 아마 우리나라가 세계 최초일 것이다. 시민단체나 언론기관 같은 민간단체에서 이런 일을 했다면 나름대로 의미가 있었을 것이다. 존경받아야 하는 기업과 비난받아야 할 기업을 국민에 알려 악덕 기업에게 경각심을 불러일으키는 효과가 있기 때문이다.

대기업과 중소기업의 동반성장 문제는 소득 불평등 문제와 유사한 점이 있다. 보수든 진보든 소득 평등이나 동반성장을 반대하는 사람은 없다. 그 방법의 차이일 뿐이다.

나는 세금이나 규제 같은 강압적, 징벌적 방법으로 소득 불평등 문제나 동반성장 문제를 해결해서는 안된다고 생각한다. 앞서 소득 불평등 문제에 대해 언급했듯이 강압적 방법을 사용하면 부자나 대기업이 존경을 받는 사회를 만들 수 없기 때문이다.

대기업도 역시 동반성장 문제를 결코 가볍게 다루지 말아야 함은 물론이다. 인기 영합을 위해 제기된 정치적 이슈라 여기고 소나기를 일단 피하고 보자는 식의 대응을 경계한다.

자유시장경제를 신봉하는 사람들조차 대기업이 자발적으로 동반성장 문제를 해결하려는 의지를 보이지 않으면 강제적인 방법을 동원해야 한다는 사람들이 많다. 강제적 동반성장 정책이 국민적 지지를 받는 우리의 현실에 불평만 늘어놓을 것이 아니라 깊은 반성과 국민이 공감할 수 있는 자발적 해결책을 제시해야 할 것이다.

자본주의 윤리와 보이지 않는 마음

워런 버핏은 인재를 선발할 때 정직, 지능, 열정의 세 가지를 본다고 했다. 그리고 이 중에서 정직을 가장 중요한 미덕이라 여겼다. 정직하진 않고 지능과 열정만 있는 사람은 결국 자신의 회사를 망쳐버릴 것이라 생각했기 때문이다.

2008년 말 미국에서 시작된 글로벌 금융위기의 근본적인 원인으로 월 가 금융권 천재들의 탐욕을 거론하는 사람들이 많다. 그들은 돈을 버는 데 필요한 지능과 열정은 갖췄지만 정직하지 못해 미국의 99퍼센트 보통 사람들에게 크나큰 고통을 가져다주었다는 것이다.

대학교수들에게 어떤 학생을 선발하고 싶은지 물으면 그 대답은 워런 버핏의 인재관과 크게 다르지 않다. 지능과 열정보다는 인성을 갖춘 학생을 선발하고 싶어한다. 예컨대 〈서울대학교 장기비전보고서〉에 따르면, "올바른 사고와 실천적 지혜를 갖추고 마음으로 봉사하는 인재를 양성"하겠다고 밝히고 있다. 그 어디에도 성적이 우수한 학생을 양성하겠단 말은 없다. 다른 대학의 인재 교육관도 이와 대동소이할 것이라 생각한다.

하지만 실제 학생 선발에서는 주로 지능과 열정만을 보고 인성은 거의 고려하지 않는다. 인성은 측정 및 평가의 공정성을 확보하기 어렵기 때문이다. 최근 성적 위주의 학생 선발 방식을 개선해 도입된 입학사정관제도 별 도움이 되지 않는다. 약 2년간 서울대 입학사정관으로 일한 경험이 있는데, 학생이 제출한 서류와 짧은 면접으로 인성을 평가한다는 것은 불가능하다는 결론이다.

좋은 사회를 만들기 위해 인성의 중요성을 인정하면서도 이를 가르치려는 대학 역시 찾기 쉽지 않다. 대학 교육을 통해 학생의 재능과 열정은 어느 정도 변화시킬 수 있지만, 인성은 가르친다고 변화될 수 있는 것이 아니라 믿기 때문이다. 인성은 가정교육 및 사회 경험을 통해 형성되는 것이라고 주장하며 책임을 회피하기에 급급하다.

국민 모두가 뛰어난 지능과 뜨거운 열정은 가졌지만 정직이나 사랑 같은 인성을 갖추지 않은 사회, 생각만 해도 끔찍하다. 애덤 스미스가 인간의 이기심과 합리성을 칭송하면서 한편으로는 인내, 사랑, 믿음, 희망과 같은 윤리학적 미덕을 소홀히 하지 않은 이유가 있다. 타인에 대한 연민이나 신뢰 같은 윤리적 기반 없이는 자유시장경쟁 시스템이 잘 작동하지 않을 것이라 생각했기 때문이다.

매클로스키는 윤리학의 중요성을 강조한 대표적 경제학자이다. 영미식 경제학의 가장 큰 문제는 인간을 물질적 인센티브에 따라 정확히 반응하는 기계로 취급한 점이라고 그녀는 주장한다. 지난 200년 동안 애덤 스미스의 윤리관이 후대 학자들, 특히 제러미 벤담과 같은 공리주의자와 토마스 홉스, 존 로크 같은 사회계약론자들에 의해 폐기되었음을 그녀는 개탄한다.

그녀는 "인간으로서 갖춰야 할 사랑, 정의, 믿음, 희망 같은 미덕의 기초 없이 합리적 이기심만으로 우리가 원하는 시민사회를 구축할 수 없다"고 단언한다.

그녀는 『부르주아의 미덕The Bourgeois Ethics』이라는 저서 서문에서 애덤 스미스가 꿈꾸던 자본주의로의 회복을 위해 윤리관의 회복이 절실하다고 주장한다. 오늘날 같은 자본주의를 가능하게 한 미덕에는 (경제적) 합리성 외에도 인내·정의·용기·사랑·믿음·희망이라는 여섯 가지 다른 미덕의 역할이 중요했다는 것이다.

투자 증대, 활발한 무역, 사유재산권의 보장 같은 경제적 합리성만으로 지난 200년 수십 배로 성장한 서구 선진국의 경제 성장을 설명할 수 없다는 것이다. 혁신이 경제적 합리성만으로 가능한 것이라면 산업혁명은 서구 유럽이 아닌 다른 지역에서 이전에 일어났어야 했다고 말한다.

우리는 윤리적 혁신가를 존경한다. 존경은 혁신 그 자체에서 나오는 것이 아니다. 에디슨이 아무리 많은 발명을 했어도 발명의 혜택을 에디슨 홀로 독점했다면 우리는 그를 존경하지 않을 것이다. 혁신가는 자신의 재능과 열정을 통해 획득한 물질적 보상을 자발적으로 사회에 환원함으로써 물질적 보상을 사회적 존경으로 교환해야 한다. 혁신가는 자신이 속한 사회가 공감하는 윤리관을 지녀야 한다는 것이다.

책을 마감하며 한 인터넷 사이트에서 본 워런 버핏이 몇 해 전 발표한 〈나의 기부서약〉 전문을 번역해 소개한다. 이 글을 읽기 전까지 나는 왜 미국인들이 고작 한 투자회사 사장 말에 그렇게 열광하는지 이해가 가지 않았었다. 나는 버핏의 글을 통해 그가 존경 받는 이유를 알게 되었고, 미국의 진정한 힘이 무엇인지 깨닫게 되었다.

2006년 저는 제가 보유한 모든 버크셔 해서웨이^{Berkshire Hathaway} 주식을 단계적으로 자선단체에 기부하기로 결정했습니다. 그 결정을 내리고 매우 행복했습니다.

빌 게이츠와 그의 아내 멜린다, 그리고 저는 수백 명의 미국 부자들에게 재산의 최소 반 이상을 자선단체에 기부할 것을 요청합니다. 그래서 이 서약서를 통해 제가 이런 요청을 드리는 의도와 배경을 다시 한 번 설명하려 합니다.

먼저 저의 기부 서약을 말씀 드립니다. 제가 가진 재산의 99퍼센트를 사회에 환원하겠습니다. 절대적인 돈으로 환산하면 이는 큰 금액입니다. 그러나 상대적으로 보면, 많은 사람들이 매일 저보다 많은 것을 사회에 기부하고 있습니다.

많은 사람들은 정기적으로 교회, 학교 등 여러 비영리기관에 기부를 하고 있습니다. 그 돈으로 자신의 가족들에게 보다 많은 혜택을 줄 수도 있는데 말입니다. 이들이 기부한 돈은 바로 그들이 영화관람이나 외식 같은 여가 생활을 포기했음을 의미합니다. 하지만 99퍼센트를 기부해도 저희 가족은 하고 싶거나 필요로 하는 것을 포기할 필요가 없습니다.

또한 저는 가장 소중한 자산인 시간을 기부하는 것은 아닙니다. 많은 사람들은 그들의 많은 시간과 재능을 다른 사람 돕는 데 쓰고 있습니다. 자랑스럽게도 저의 세 자녀도 그렇게 하고 있답니다. 이런 종류의 기부가 종종 금전 기부보다 훨씬 값지다는 것을 알고 있습니다. 불우하게 자란 어린이들에겐 돈보다 따뜻한 후견인으로부터의 사랑과 우정이 훨씬 값진 선물일 것입니다. 제 누이인 도리스는 매일 많은 시간을 이런 종류의 기부를 하는 데 쓰고 있습니다. 부끄럽게도 전 이런 종류의 기부는 거의 하지 않고 있습니다.

하지만 제가 할 수 있는 일은 제 소유의 버크셔 해서웨이 주식을 운이 따르지 않아 불우한 환경에서 태어난 사람들을 위해서 사용하는 것입니다. 지금까지 저와 이젠 고인이 된 제 부인이 가지고 있는 주식의 20퍼센트를 이미 사회에 기부했습니다. 앞으로도 매년 제 주식의 4퍼센트를 지속적으로 기부할 예정입니다. 제 재산이 정리된 후 늦어도 10년 이내에 저의 모든 주식은 남을 돕는 데 사용될 것입니다. 제 기부금은 전액 지금 당장 해결해야 할 문제에 사용될 것입니다. 한 푼도 기금을 조성하는 데 사용하지 않을 것입니다.

이 기부 서약을 발표한다고 저와 제 자식들의 생활 방식에는 아무 변화가 없을 것입니다. 제 자식들은 이미 많은 재산을 물려받았고, 앞으로 더 많이 물려받을 것입니다. 그 덕분에 그들은 매우 안락하고 생산적인 삶을 즐기고 있습니다. 저 또한 제가 바라는 모든 것을 계속 즐길 수 있는 삶을 계속 살 것입니다.

나의 삶은 일부 물질적인 것들 때문에 더욱 즐거워집니다. 하지만 모든 물질의 소유가 저를 즐겁게 하는 것은 아닙니다. 저는 비싼 전용기는 좋아하지만, 여섯 채의 집을 소유하고 있는 것은 부담입니다. 소유 그 자체에 사로잡혀 소유한 것들을 즐기지 못하는 사람들을 너무나 많이 봤습니다. 건강을 제외하고 제가 가장 소중히 여기는 재산은 재미있고, 다양하고, 오래 사귈 수 있는 친구들입니다.

제가 이렇게 막대한 부를 축적할 수 있었던 이유는 미국인으로 태어난 점, 운 좋게 좋은 재능을 타고난 점, 그리고 높은 복리 이자율 덕분이라 생각합니다. 저와 제 자식들은 소위 '자궁 로또ovarian lottery'에 당첨된 것입니다. 제 출생연도인 1930년에 미국에서 태어날 확률은 30대 1이었습니다. 또한 백인 남성으로 태어나 다른 미국인이 겪어야 했던 차별을 당하지 않았습니다.

가끔 왜곡된 결과를 만들어내긴 하지만 전반적으로는 미국을 잘 굴러가게 하는 자유시장 시스템에서 활동할 수 있었던 것도 제겐 큰 행운이었습니다. 미국의 경제 운영 및 보상 방식은 참 이상하다고 생각합니다. 전쟁터에서 동료의 목숨을 구한 훌륭한 사람에겐 훈장 하나로 보상하고, 미래의 인재를 잘 길러낸 선생님에겐 감사 편지 한 장으로 보상하면서, 가격이 저평가된 주식을 잘 찾아낸 사람에겐 수조원의 돈으로 보상을 하는 이상한 나라입니다.

제가 이렇게 많은 돈을 번 사실에 대해 죄책감을 가졌다기보다 감사하다는 생각이 들었습니다. 제 가족도 아마 같은 생각일 것입니다. 제 재산의 1퍼센트 이상을 저와 제 가족을 위해 사용한다고 해서 저희의 행복이나 생활의 질이 더 좋아지지는 않을 것입니다. 하지만 제가 사회에 기부하는 99퍼센트의 재산은 다른 사람들의 건강과 복지에 큰 영향을 미칠 것입니다.

이상의 과정을 거쳐, 저와 제 가족들은 자연스럽게 이런 결론에 도달하였습니다. "우리가 필요한 만큼 갖고, 그 나머지는 사회가 필요로 하는 곳에 환원하자." 이 기부 서약과 함께 저희는 시작합니다.

2007년 초 EBS에서 방영되었던 〈대국굴기大國崛起〉란 다큐멘터리 프로그램은 당시 꽤 인기가 있었던 것으로 기억한다.

원래 이 역사 다큐멘터리는 중국 고위 지도층의 교육용으로 제작 되었지만, 이후 일반인에게도 방영이 허락된 프로그램이다. '대국大國' 이 '일어서다崛起'란 제목답게 포르투갈, 스페인, 네덜란드, 영국, 프랑 스, 독일, 일본, 러시아, 미국의 9개 강국의 성장 과정을 담아 12부작 으로 제작했다.

프로그램의 일차 목표는 이들 대국들이 어떤 과정을 통해 강국이 되었고, 또 이들 중 일부가 어떻게 쇠퇴하게 되었는지 그 원인을 규명 하는 것이었다. 하지만 보다 중요한 목표는 아마도 세계 최강국으로 부상하고 있는 중국이 현재 해야 할 과제를 찾기 위해 다른 나라의 사례를 공부하기 위함이었을 것이다.

이 책을 처음 기획하게 된 것은 바로 〈대국굴기〉를 시청하고 나서다. 1978년 시장개방 이후 무서운 속도로 성장하며 이젠 세계사의 주도권을 잡으려는 중국이 두려웠지만 한편으로는 항상 강국의 침략 대상이었던 대한민국도 세계 최강국이 될 수 있다는 희망을 갖게 되었기 때문이었다.

이후 국부 창출을 다룬 다양한 분야의 서적도 읽고《매일경제》와 《조선일보》에 관련 칼럼을 수십 편 게재하면서 조각난 아이디어를 하나의 통일된 이론으로 체계화하기 위해 노력했다. 하지만 하루 일과에 쫓겨 집필을 차일피일 미루다 10년 만에 맞이한 안식년을 계기로 마침내 그 뜻을 이루게 되었다.

책을 출간하기까지 많은 사람으로부터 직간접적으로 도움을 받았다. 먼저 안식년으로 자리를 비운 동안 나를 대신해 추가로 강의와 행정 업무를 처리해야 했던 서울대 경영대학 교수님들께 감사한다. 그리고 보잘것없는 내용에도 불구하고 흔쾌히 출판을 결정해 주신 해냄출판사 송영석 사장님, 형편없는 글솜씨 때문에 고생스런 편집 작업을 해야 했던 해냄출판사 이혜진 편집장님과 박신애 팀장님께도 감사한다.

또한 귀중한 시간을 할애해 초고를 읽고 책의 구성과 스타일에 날카로운 지적을 해주신 (주)제일기획 최인아 부사장님, (주)지경사 김병준 사장님, 그리고 나의 연구실 조교 배정호 박사, 이희태 박사과정, 석준희 석사과정 학생에게도 감사한다.

마지막으로 자료 구입 및 조사, 인터뷰 등 책 출간에 필요한 제반 연구비를 아낌없이 지원해 준 서울대학교 경영연구소에 감사한다.

완성된 원고를 읽을 때마다 필자의 뇌리를 스치는 불편함이 있다. 책 내용의 어떤 부분이 나의 창의적인 아이디어이고 어느 부분이 다른 학자들의 주장인지 구분이 잘 가지 않는 모호함 때문이다.

학자적 양심상 다른 이의 아이디어라면 당연히 해당 내용에서 출처를 밝혀야 한다. 하지만 나의 철학과 사고 체계에 지대한 영향을 미친 학자의 경우는 이것이 그리 쉽지 않다. 내 머리와 마음에 완벽히 녹아들어 내 것이 되어버렸기 때문이다.

애덤 스미스, 밀튼 프리드먼, 디어드리 매클로스키 같은 나의 영원한 스승님들께 허락 없이 아이디어를 도용한 사실에 사과한다.

끝으로 4년 전 타계하신 아버지, 지난 30년 한결같은 마음으로 내조를 해온 아내 김지희와 내 삶의 중요한 의미인 딸 수빈에게 이 책을 바친다.

2013년 1월

김병도

| 참고문헌 |

시작하는 글: 대한민국, 세계 일등 부국으로 나아가기 위하여

Byrne, Janet (2012), *The Occupy Handbook*, Back Bay Books: New York

Huntington, Samuel (2000), "Culture Counts," in Harrison and Huntington (Eds.), *Culture Matters: How Values Shape Human Progress*, Basic Books: New York

1장 오늘의 경제 위기는 또다른 기회이다

김병도 (2008), "불황의 고통이 주는 선물," 《매일경제》

황금찬 (1965), 『현장』, 청강

Clark, Gregory (2007), *A Farewell to Alms: A Brief Economic History of the World*, Princeton University Press

Huntington, Samuel (1996), *The Clash of Civilizations and the Remaking of World Orders*, Simon & Schuster

Maddison, Angus (2006), *The World Economy*, OECD Publishing

Wikipedia (2012), "List of countries by GDP (PPP) per capita," http://en.wikipedia.org/wiki/List_of_countries_by_GDP_(PPP)_per_capita

2장 부자 나라 vs. 가난한 나라

김병도 (2007), "노벨상 수상에 부족한 2퍼센트," 《매일경제》

Bauer, Peter Thomas (1981), *Equality, the Third World, and Economic Delusion*, Harvard University Press: Cambridge, MA

Diamond, Jared (1997), *Guns, Germs, and Steel: The Fates of Human Societies*, W. W. Norton & Company: New York

Easterlin, Richard (1981), "Why Isn't the Whole World Developed?"

Journal of Economic History, 41, 1, 1-19

Huntington, Samuel (2000), "Culture Counts," in Harrison and Huntington (Eds.), *Culture Matters: How Values Shape Human Progress*, Basic Books; New York

Jones, Eric (2003), "Natural Resources: Historical Overview," *The Oxford Encyclopedia of Economic History*, edited by J. Mokyr, Oxford University Press

Kamarck, Andrew M. (1976), *The Tropics and Economic Development: A Provocative Inquiry into the Poverty of Nations*, Published for the World Bank, The Johns Hopkins University Press; Baltimore, MD

Landes, David (1998), *The Wealth and Poverty of Nations: Why Some are so Rich and Some so Poor*, W. W. Norton & Company; New York

Lynn, Richard and Vanhanen, Tatu (2002), *IQ and the Wealth of Nations*, Praeger; Westport, CT

McCloskey, Deirdre (2010), *Bourgeois Dignity: Why Economics Can't Explain the Modern World*, The University of Chicago Press

Montesquieu, Charles (1748), *De l'Esprit des Lois*, 고봉만 역, 법의 정신, 책세상, 2006

North, Douglass (1990), *Institutions, Institutional Change and Economic Performance*, Cambridge University Press; Cambridge

Olson, Mancur (2008), "Big Bills Left on the Sidewalk: Why Some Nations Are Rich, and Others Poor," in Benjamin Powell (ed.), *Making Poor Nations Rich: Entrepreneurship and the Process of Economic Development*, Stanford University Press

Sachs, Jeffrey (1999), "Helping the World's Poorest," invited Article, Center for International Development at Harvard University

Smith, Adam (1776), *An Inquiry into the Nature and Causes of the Wealth of Nations*, Reprinted by Prometheus Books, 1991

3장 혁신은 부자 나라로 가는 원동력

김병도 (2009), "위기의 시대, 20代가 희망이다,"《조선일보》

Baumol, William (1968), "Entrepreneurship in Economic Theory," *American Economic Review*, 58, 2, 64-71

Baumol, William (1990), "Entrepreneurship: Productive and Unproductive and Destructive," *Journal of Political Economy*, 98, 5, 893-921

Drucker, Peter (2002), "The Discipline of Innovation," *Harvard Business Review*, 80, 8, 95-102

Goldstone, Jack (2009), *Why Europe? The Rise of the West in World History, 1500-1850*, McGraw-Hill: New York

Handy, Charles (2001), "Tocqueville Revisited: The Meaning of American Prosperity," *Harvard Business Review*, November, 79, 1, 5-11

Hughes, Robert (1999), *American Visions: The Epic History of Art in American*, Random House

Jacob, Margaret (1997), *Scientific Culture and the Making of the Industrial West*, Oxford University Press: New York

Loebl, Eugen (1976), *Humanomics: How We Can Make the Economy Serve Us -Not Destroy Us*, Random House

McCloskey, Deirdre (2010), *Bourgeois Dignity: Why Economics Can't Explain the Modern World*, The University of Chicago Press

Schumpeter, Joseph (1934), *The Theory of Economic Development*, Harvard University Press, Cambridge, MA

Solow, Robert (1957), "Technical Change and Aggregate Production Function," *Review of Economics and Statistics*, 39, 312-320

Sobel, Russell (2008), "Testing Baumol: Institutional Quality and the Productivity of Entrepreneurship," *Journal of Business Venturing*, 23, 641-655

Sombart, Werner (1976), *Why is There no Socialism in the United States?*, M. E. Sharpe Inc.: White Plains

4장 자유, 혁신 국가의 시작

김병도 (2008), "국가 청렴도 높이려면," 《매일경제》

류강 (2010), 『고지도의 비밀: 중국 고지도의 경이로운 이야기와 세계사의 재발견』, 이재훈 역, 글항아리

Bastiat, Frédéric (1845), *Economic Sophisms*, Translated by Arthur Goddard, Foundation for Economic Education, 1996

Friedman, Milton (1962), *Capitalism and Freedom*, The University of Chicago Press: Chicago, IL

Gwartney, James and Robert Lawson (2004), *Economic Freedom of the World: 2004 Annual Report*, Fraser Institute: Vancouver, Canada

Heritage Foundation (2012), *Index of Economic Freedom*, http://www.heritage.org

Krugman, Paul (2007), *The Conscience of a Liberal*, W. W. Norton & Company: New York

Iyer, Bala and Thomas Davenport (2008), "Reverse Engineering Google's Innovation Machine," *Harvard Business Review*, 83, 3, 102-111

Landes, David (1998), *The Wealth and Poverty of Nations: Why Some are so Rich and Some so Poor*, W. W. Norton & Company: New York

Lawson, Robert (2009), "Economic Freedom and Property Rights: The Institutional Environment of Productive Entrepreneurship," edited by Benjamin Powell, *Making Poor Nations Rich*, Stanford University Press: Stanford

Micklethwait, John and Adrian Wooldridge (2003), *The Company: A Short History of a Revolutionary Ideas*, A Modern Library Chronicles Book: New York

Morton, Scott (1983), *China: A Teaching Workbook*, East Asian Curriculum Project Series, Columbia University East Asian Institute

Murray, Charles (2003), *Human Accomplishment: The Pursuit of Excellence in* the Arts and Sciences, 800 B.C. to 1950, Harper Collins Publishers

Nohria, Nitin, Davis Dyer, and Frederick Dalzell, *Changing Fortunes: Remaking the Industrial Corporation*, John Wiley: New York, NY

Ramanadham, V. V. (1994), *Privatization and After: Monitoring and Regulation*, Routledge: New York, NY

Smith, Adam (1776), *An Inquiry into the Nature and Causes of the Wealth of Nations*, Reprinted by Prometheus Books, 1991

5장 보상, 혁신을 하는 이유

신유근 (2005), 『인간존중경영: 조직행위론적 접근』, 다산

신유근 (2006), 『경영학원론: 시스템적 접근』, 제2판, 다산

Csikszentmihalyi, Mihaly (1975), *Beyond Boredom and Anxiety: The Experience of Play in Work and Games*, Jossey-Bass: San Francisco

Kay, John (1998), "The Role of Business in Society," http://www.johnkay.com

Herzberg, Frederic (1968), "One More Time: How Do You Motivate Employees?", *Harvard Business Review*, 46, 1, 53-62

Iyer, B. and T. Davenport (2008), "Reverse Engineering Google's Innovation Machine," *Harvard Business Review*, 86, 4, 58-68

Maslow, Abraham (1943), "A Theory of Human Motivation," *Psychological Review*, 50, 4, 370-396

McClelland, David (1961), *Achieving Society*, D. Van Nostrand Company, Inc.: Princeton, NJ

Murray, Charles (2003), *Human Accomplishment: The Pursuit of Excellence in the Arts and Sciences, 800 B.C. to 1950*, Harper Collins Publishers

Rawls, John (1971), *A Theory of Justice*, Harvard University Press: Cambridge, MA

Shane, Scott (2008), *The Illusions of Entrepreneurship: The Costly Myths that*

Entrepreneurs, Investors, and Policy Makers Live by, Yale University Press: New Haven

Vroom, Victor (1964), *Work and Motivation*, Wiley: New York

Wikipedia (2012), *Grigori Perelman*, http://en.wikipedia.org/wiki/Grigori_Perelman

6장 올바른 혁신의 조건, 윤리적 정당성

Baumol, William (1968), "Entrepreneurship in Economic Theory," *American Economic Review*, 58, 2, 64-71

Baumol, William (1990), "Entrepreneurship: Productive and Unproductive and Destructive," *Journal of Political Economy*, 98, 5, 893-921

Buchanan, James and Gordon Tullock (1962), *The Calculus of Consent: Logical Foundation of Constitutional Democracy*, University of Michigan Press: Ann Arbor, MI

McCloskey, Deirdre (2010), *Bourgeois Dignity: Why Economics Can't Explain the Modern World*, The University of Chicago Press

Mokyr, Joel (1990), *The Lever of Riches: Technological Creativity and Economic Progress*, Oxford University Press: New York

Pomeranz, Kenneth and Steven Topik (2006), *The World That Trade Created: Society, Culture, and the World Economy 1400 to the Present*, M. E. Sharpe: London

Rawls, John (1971), *A Theory of Justice*, Harvard University Press: Cambridge, MA

Sobel, Russell (2008), "Testing Baumol: Institutional Quality and the Productivity of Entrepreneurship," *Journal of Business Venturing*, 23, 641-655

7장 그래도 혁신이 답이다

김병도 (2007), "상속 부자와 자수성가 부자," 《매일경제》

Handy, Charles (2001), "Tocqueville Revisited: The Meaning of American Prosperity," *Harvard Business Review*, November, 79, 1, 5-11

McCloskey, Deirdre (2010), *Bourgeois Dignity: Why Economics Can't Explain the Modern World*, The University of Chicago Press

Mokyr, Joel (1990), *The Lever of Riches: Technological Creativity and Economic Progress*, Oxford University Press: New York

Pomeranz, Kenneth and Steven Topik (2006), *The World That Trade Created: Society, Culture, and the World Economy 1400 to the Present*, M. E. Sharpe: London

Rawls, John (1971), *A Theory of Justice*, Harvard University Press: Cambridge, MA

8장 존경, 위대한 기업이 스스로 얻어야 할 마음

김병도 (2008), "중소기업 기(氣) 살려야 경제 산다," 《매일경제》

김병도 (2009), "신입사원 임금 삭감, 무책임하다," 《조선일보》

김병도 (2011), "세계에 유래없을 동반성장 채점," 《조선일보》

Dunlap, Al and Bob Andelman (1998), *Mean Business: How I Save Bad Companies and Make Good Companies Great*, Fireside: New York

Fogel, Robert (2000), *The Fourth Great Awakening and the Future of Egalitarianism*, The University of Chicago Press: Chicago

Folbre, Nancy (2001), *The Invisible Heart: Economics and Family Values*, New York: The New Press

Handy, Charles (2001), "Tocqueville Revisited: The Meaning of American Prosperity," *Harvard Business Review*, November, 79, 1, 5-11

Kay, John (1998), "The Role of Business in Society," http://www.johnkay.com

McCloskey, Deirdre (2006), *The Bourgeois Virtues: Ethics for an Age of Commerce*, The University of Chicago Press

Putnam, Robert (1995), *Bowling Alone: America's Declining Social Capital*, Simon & Schuster: New York

Robert, Russell (2001), *The Invisible Heart: An Economic Romance*, MIT Press: Cambridge, MA

혁신으로 대한민국을 경영하라

초판 1쇄 2013년 1월 30일
초판 3쇄 2015년 9월 5일

지은이 | 김병도
펴낸이 | 송영석

편집장 | 이진숙 · 이혜진
기획편집 | 박신애 · 한지혜 · 박은영 · 신량 · 오규원
디자인 | 박윤정 · 김현철
마케팅 | 이종우 · 허성권 · 김유종
관리 | 송우석 · 황규성 · 전지연 · 황지현

펴낸곳 | (株)해냄출판사
등록번호 | 제10-229호
등록일자 | 1988년 5월 11일(설립연도 | 1983년 6월 24일)

120-210 서울시 마포구 잔다리로 30(서교동 368-4) 해냄빌딩 5 · 6층
대표전화 | 326-1600 **팩스** | 326-1624
홈페이지 | www.hainaim.com

ISBN 978-89-6574-370-5